자연을 통해 성장하기!

NYU 러스크 재활병원 **원예치료 프로그램**

S. L. Molen · N. K. Chambers · M. J. Wichrowski · G. Fried 공저

윤경은 · 최영애 · 안소정 공역

학지사

제니퍼는 뇌성마비를 가진 귀여운 네 살짜리 아이다. 우리가 4개월 전에 그 아이를 처음 보았을 때는 수줍고 위축된 아이였다. 비록 보행기의 도움으로 서고 걸을 수는 있었지만 학급의 다른 아이들과 어울리지 않았다. 제니퍼는 늘 활기 없게 책상에 앉아 있었고, 앞에 놓인 흙이나 모래, 꽃들을 만지기를 거부했다. 물뿌리개에 손가락을 담갔지만, 물은 만지려고도 하지 않았다. 그러나 교사를 가까이서 바라보았고, 교사가 장미로 자신의 뺨을 부드럽게 건드리는 것은 받아들였다.

오늘날 제니퍼는 옆자리의 아이들에게 식물이나 흙, 물뿌리개를 건네준다. 제니퍼는 신선한 묘목을 심는 데 필요한 흙과 모래 혼합물을 젓기 위해 손을 사용한다. 교사에게서 질문을 받으면 정확하게 뿌리와 꽃과 줄기를 구분해 대답한다. 제니퍼는 자신의 식물에 물 주기를 좋아하고, 물방울이 흘러 손가락에 똑똑 떨어지는 감촉을 즐긴다. 이제는 더러워지거나 새로운 사물을 만지는 것을 더 이상 두려워하지 않는다. 새로운 기술이나 어휘를 배우는 것이나 수업에 활발하게 참여하며, 다른 네 살짜리가 그러하듯이 웃고 즐긴다.

제니퍼는 NYU 러스크 재활병원의 Enid A. Haupt Glass Garden 원예 스태프들이 뉴욕 대학 러스크 재활병원에서 공립 유치원에 일주일에 한 번 실시하는 특별 자연 프로그램에 참가하는 18명의 아이들 중 한 명이다. 이 유아학교는 뉴욕 교육부가 기금을 지원한 조기 중재 프로그램이다. 이 프로그램의 임무는 정형외과적으로 다른 장애가 있거나 발달장애가 있는 3~5세 아이들에게 개별화된 교육과 치료 서비스를 제공하는 것이다.

그들의 장애는 뇌성마비나 척수이분증, 신경장애, 뇌손상 또는 다른 외상들이 결합된 것일 수 있다. 모든 아이들이 근육 동작이나 조절에 영향을 미치는 장애를 갖고 있다. 그들은 물리치료와 작업치료 모두를 요하며, 대부분 언어치료가 필요하다. 더욱이 장애로 인하여 그들은 유치원에 들어가도 이미 학습과 발달에 있어 뒤져 있다. 제니퍼는 이들 중 한 명이다.

우리의 자연 프로그램은 제니퍼와 같은 아이들에게 감각자극, 움직임, 인지 및 의사소통 기술을 자극하기 위한 직접경험(hands-on) 활동을 제공한다. 또한 원예 프로젝트를 소개하여 자연에 대한 지식과 의식을 높여 주고, 조기 과학 학습을 발달시키며, 아이들이 자연의 경이로움과 아름다움에 대하여 반응하도록 고무시키고, 지구와 그곳에 존재하는 자신들의 활동 영역에 대한 긍정적인 감정을 스며들게 한다.

대부분의 아이들에게는 자연에 대하여 이렇게 강도 높은 교육은 필요 없다. 보통의 아이들은 아주 어릴 적부터 세상에 대한 정보를 모으고 해석하기 위하여 근육을 움직일 뿐만 아니라 촉감이나 느낌, 그 밖의 감각을 사용한다. 심지어 도시 아이들도 땅에서 구르고, 덤불 속을 기고, 물웅덩이로 뛰어내리고, 흙

냄새를 맡고, 태양의 열기와 바람을 느끼고, 벌레나 돌, 흙, 물을 만지는 등의 놀이를 통해 아주 일찍부터 자연 세계에 대한 감각과 그것과 관련된 감각을 형성한다.

그러나 미국에서는 매년 대략 15만 명의 아기들이 자연과의 결합의 기회를 가질 수 없는 출생적 결함을 안고 태어나고, 다른 23만 명의 아이들이 아동기의 어느 순간에 장애를 갖게 된다. 제니퍼처럼 일부 아이들은 운동 능력에 제한이 있고, 지구력이 떨어져 특히 야외에서의 상호작용이나 경험, 놀이 등의 기회를 제한받는다. 어떤 아이들은 감각이나 지각적인 결손이 있어 색이나 빛, 모양, 소리, 질감 등 수용된 감각을 통합하고 조직화할 수 없게 된다.

일반적으로 이런 아이들은 대부분의 다른 평범한 아이들보다 더욱더 보호받게 된다. 그들은 때로는 휠체어에 갇혀 자발적으로 놀이를 할 수 없다. 이들을 위한 놀이는 풀과 물웅덩이 그리고 나무보다는 사람이 만든 '안전한' 재료와 물체를 이용하여 실내에서 이루어지며, 자연을 경험할 기회가 거의 없어 책이나 영화 아니면 텔레비전을 통한 요약된 자연을 배우는 수동적 관찰자가 된다. 이 결과로 아이들은 자연 세계와 절대 연결될 수 없는 위험에 처해 있다. 그들은 종종 흙이나 벌레, 끈적이는 것에 대한 두려움을 느끼기도 하고, 주변과 자연 세계에 대하여 부정적인 태도를 발달시킬 수 있다. 이것은 제니퍼에게도 일어났던 일이다.

이 책은 1995년 Enid. A. Haupt Glass Garden의 스태프들이 제니퍼와 같은 아이들이 느끼는 두려움과 소극성을 극복할 수 있도록 도움을 주기 위하여 저술한 다양한 전략에 대한 지침서다. 우리는 모든 아이들은 자연과 활발하게 상호작용해야 하고, 그들 자신을 위하여, 미래의 지구 지킴이가 될 준비를 하기 위해 환경에 대한 긍정적인 태도를 발달시켜야 한다고 믿고 있다. 또한 이런 태도가 아이들의 삶에 대한 가치와 세상에 대한 신념으로 형성될 수 있도록 가능한 한 일찍 심어 주는 것이 중요하다고 생각한다.

이를 위하여 우리는 장애를 가진 아동들을 치료하거나 가르치는 교사와 부모, 치료사에게 쉽고 실질적인 방법의 자연 수업을 소개하고자 하는 취지에서 이 책을 구성하였다. 이는 취학 전 아이들이 모든 학습과정을 효과적으로 소화해 내기 위하여 그들을 특별한 단계에 도달시키는 새로운 아이디어를 제공하는 것을 의미한다. 아이들이 자연의 재료를 사용하여 흙, 뿌리, 줄기, 잎, 꽃과 사물을 관찰하고 조작하기 위하여 그들의 모든 감각을 사용하도록 자극하는 다양한 경험을 제공한다.

이런 직접적인 활동은 아이들이 자연 세계와 자연의 형상, 질감, 크기, 무게 그리고 색을 관찰하고 다루어 봄으로써 자연과 연관된 것들에 대한 이해를 돕는다. 동시에 아이들은 미세한 동작과 조절 기술을 익히고, 어울리는 것을 배우고, 그들이 본 것과 느낀 것을 설명하기 위한 어휘들을 사용함으로써 언어와 의사소통의 숙련에 도달하게 된다.

우리가 희망하고 믿는 종합적인 효과는 아이들의 자발성, 호기심, 자신감, 책임감과 독립심이 발달하도록 돕는 것이다. 프로그램 개발에 있어, 우리는 건전한 교육적 실행과 검증된 치료적 중재를 위해 아동발달 이론과 재활 그리고 환경과 자연 교육을 연결시켰다. 게다가 프로그램에 대한 신념은 우리의 경험에 의해 강화되었다. 러스크 재활병원의 이 프로그램은 아주 성공적이었나.

처음에 정원 프로그램은 개인적으로 계획된 언어치료나 작업치료, 물리치료 수업과 충돌을 일으켰는데, 이들 치료는 의료진에 의해 우선순위를 부여받은 것들이었다. 그러나 몇 달이 지나자 치료사들은 자연 프로그램의 유익함을 인식하기 시작했고, 아이들이 자연 수업에 참여하도록 스케줄을 조정하기 시작했다. 사실 치료사들은 종종 임상적인 관점에서 아이들의 참여를 높이기 위하여 정원 프로그램에 같이 참여하였다.

프로그램을 가다듬는 동안, 우리는 환경과 자연 연구 그리고 특수교육과 조기교육에 대한 문헌에서 이론적인 토대를 찾았다. 장애를 가진 학령 전 아동을 위한 자연 프로그램에 대하여 출간된 자료는 거의 없었다. 다른 환경 프로그램들은 이미 상당한 인지·언어·운동 기술을 가진 아이들을 위한 유치원 과정부터 시작하고 있었다. 이 프로그램은 구별하기와 같은 간단한 추상적 개념을 이해하고, 활동에 30초 이상 집중할 수 있으며, 상대방과 이야기할 수 있고, 물이나 흙 또는 잎을 만지는 것을 두려워하지 않는 아이들을 대상으로 한 것이다. 우리가 도우려고 하는 아이들은 이들 기술 중 아무것도 갖고 있지 않았다.

그래서 우리는 우리가 발견한 것과 경험한 것을 책으로 내어 다른 이들에게도 도움이 되도록 작업 순서를 명확히 하였다. 이 책은 그 결과로서, 장애를 가진 아이들과 함께 일하는 교사, 치료사, 부모, 기타 모든 이들에게 바친다.

차/례

수업 계획

❋ 식물 심기

수업 1: 흙과 모래 / 34

이 활동은 모든 식물 수업의 기초이므로 첫 번째 수업이 되어야 한다.

수업 2: 제이드 번식하기 / 38

흙과 모래 수업 다음에는 이번 수업 또는 다음의 칼랑코에 번식 수업을 할 수 있다.

수업 3: 칼랑코에 번식하기 / 42

원예의 개념은 유사한 활동의 반복을 통하여 강화된다.

수업 4: 향기 나는 제라늄 번식하기 / 46

이번 수업은 아이들이 줄기 번식을 하는 식물과 좀 더 친숙해지도록 만들어 줄 것이다.

원예 공예

장애가 발달에 미치는 영향

　아기들은 태어나기 오래전부터 움직이기 시작한다. 일단 세상 밖으로 나오면, 움직임을 통해 사람과 사물에 대하여 경험하게 되고, 그것이 배움의 시작이 된다. 이러한 외부 요소와 아이의 고유한 발달과정이 상호작용한 결과 아이가 지속적으로 성장·발달하게 되는 것이다. 아이의 신체적, 사회적, 정서적, 인지적인 모든 요소들은 서로에게 영향을 주어 전반적인 발달을 촉진시킨다. 하지만 장애를 가지고 태어나게 되면 외부 자극에의 참여 기회가 줄어들 뿐만 아니라 발달과정 역시 지체된다. 이는 아이의 잠재력을 충분히 이끌어 낼 수 있는 기회를 제한하게 된다.

　아이의 발달에 심각한 문제를 일으킬 수 있는 요인은 아이가 태어나기 전이나 태어나는 도중, 태어난 후에 언제든지 나타날 수 있다. 유전자 기형이나 열성질환과 같은 내부적인 요인이나 임산부의 나이, 출산 전 영양 상태, 약물 복용, 그 밖에 임신 중에 걸리게 되는 여러 질환과 같은 외부적 요인이 아이의 장애에 영향을 미칠 수 있다. 출산과정에서의 저산소증, 아이의 두부외상, 납과 같은 신경독소에의 노출, 중추신경의 감염이나 외상 역시 아이에게 장애를 일으킬 수 있다. 이러한 장애요인들이 성장에 미치는 영향은 매우 다양하게 변화하지만, 이것들이 모두 아이의 발달과 건강을 해치는 것은 분명하다.

신체적 문제

특히, 출생 초기의 움직임이 학습과 유의미한 상관관계를 가지고 있기 때문에 움직임의 감소는 곧 학습의 기회를 잃는 것으로 연결되고, 이를 교정해 주지 않으면 필연적으로 이차적인 장애를 일으키게 된다. 근육의 긴장도가 비정상적으로 높거나 낮은 뇌성마비 아이들의 경우 이로 인하여 사지가 심하게 강직되거나 위약할 수 있다. 척수이분증의 경우 하지의 위약으로 휠체어 없이는 생활할 수가 없다. 감각장애나 지각장애는 아이가 공간을 이동하고, 세상을 경험하는 방식을 크게 변화시킨다.

사회적 · 정서적 문제

장애를 가진다는 것은 곧 아이들의 사회성에 큰 영향을 미친다는 것을 뜻하기도 한다. 그 첫 번째 문제는 아이들이 그들의 부모와 상호작용하는 것에 있다. 시각장애를 가진 아이는 소리 없는 웃음으로써 그들의 부모와 의사소통하고 싶어 하나 부모들은 그 웃음의 의미를 잘 모른다. 다운증후군이 있는 아이의 웃음은 장애가 없는 아이의 웃음보다 의미 전달이 잘되지 않아 부모와의 상호작용이 약해질 수 있다. 뇌성마비가 있는 아이는 근육이 무척 긴장되어 있어서 부모에게 뻣뻣하거나 둔감한 것처럼 느껴질 수 있고, 부모가 같이 놀이를 하려 해도 반응이 느리다.

미숙아나 저체중아, 기관지이형성증과 같은 다른 건강상의 문제를 가진 아이는 다루기 힘들 수 있고, 놀이 중에 쉽게 피곤해한다. 출생 전 약물 복용의 영향을 받은 아이는 짜증을 잘 내거나 불규칙한 수면 습관을 가질 수 있다. 이와 같은 문제들은 학령기 전 장애를 가지지 않은 아이에 비해 장애를 가진 아이들을 외톨이로 만들고, 사회적 능력을 떨어뜨릴 수 있다. 이러한 고립은 아이의 사회적 발달에 분명한 영향을 미친다.

인지적 · 언어적 문제

장애아들이 겪는 신체적 · 사회적 어려움 외에도, 뇌손상의 정도나 부위에 따라 그들의 인지 능력이 손상될 수 있다. 전체적으로 보면, 장애를 가진 아이는 비장애아들과 매우 비슷하게 지적 발달을 하지만 시간이 더 걸린다거나, 어떤 경우에는 질적 차이를 보이기도 한다.

장애아들이 겪는 인지적 기능은 집중 지속 시간이나 단기적 · 장기적 기억력, 결과를 예측하거나 과제를 수행하고 문제를 해결하는 능력, 어휘 습득력, 언어 습득이나 계산 능력과 같이 매우 다양하게 나타난다.

자연교육 활동의 유익

장애아들을 위한 중요한 목표(특히, 이 책에서 서술하고 있는 자연 프로그램의) 중 하나는 사회적 모임에서 함께 일하는 데 필요한 재료와 활동을 제공하고, 순서대로 하는 것을 배우며, 다른 사람을 돕고, 적절한 의사소통을 연습하는 것이다. 모든 아이들과 마찬가지로, 장애를 가진 아이들도 감각운동을 자극하고, 어른으로부터 가르침을 받는 기회를 제공받는 환경은 유익하다. 자존감의

발달은 아이들이 성공을 맛볼 수 있도록 구조화된 상황일 때, 성공을 위하여 적절한 도움이 제공될 때, 의사소통을 이해하기 위한 노력이 이루어졌을 때, 아이들에게 조언을 구하거나 그들의 의견이 존중될 때 촉진된다.

어린아이들은 기본적으로 감각과 운동 조작을 통하여 배우기 때문에, 그들은 자연교육을 경험할 우수한 지원자들이다. 자연활동은 아이들의 모든 감각을 사용하게 하고, 대부분의 사람들의 생활에 어느 정도 뿌리내린 공통의 경험을 제공한다. 이 자연 프로그램에 기술된 활동에 참여하는 데 요구되는 다양한 움직임을 수행함으로써 아이들은 대근육 운동기술을 연습하게 된다. 야외활동은 걷기, 기어오르기, 땅파기, 식물 심기 혹은 풀밭에서 구르기 등의 폭넓은 신체적 운동을 도모한다. 실내에서는 수업 중에 사용하는 다양한 크기의 도구를 조작함으로써 소근육 운동기술을 연습하게 된다. 화분에 흙을 채우고, 재료와 도구를 잡거나 전달하고, 물뿌리개를 들어올리고, 자른 가지나 씨앗으로 형태를 만드는 활동 등을 하기 위해서는 동작의 강도나 범위 및 인지기술이 모두 사용된다.

자연 프로그램에서는 신체적 발달뿐만 아니라 사회적 발달을 위한 풍부한 기회를 제공한다. 프로그램은 그룹활동, 협동, 다른 사람에 대한 배려와 공유하기를 북돋운다. 그룹활동은 아이들이 상호작용하는 것을 격려하고, 교사로 하여금 아이들이 어떤 상황에 부딪혔을 때 적절한 사회적 행동을 가르치고 시범을 보일 수 있게 해 준다. 또한 그룹활동은 숙련이 덜된 아이들이 더 잘하는 아이들로부터 도움을 받음으로써 또래 집단을 이루게 된다. 프로젝트의 성공은 아이들의 자존감을 향상시킨다. 살아 있는 식물을 보살피면서 감정이입 능력을 키우고, 자신의 욕구에 대하여 더 크게 깨닫게 된다.

인지적 발달의 상당 부분은 자연에 존재하는 광범위한 감각의 배열을 통해 자극된다. 모든 감각이 동원되고 자극받을 수 있다. 즉, 잎이나 과일, 꽃, 야채, 돌과 같은 자연 물체의 형태나 모양, 색상, 명암 등을 통한 시각, 나뭇잎이나 씨앗 꼬투리의 부스럭거림, 마른 박의 덜거덕거림을 통한 청각, 꽃의 향기, 허브 향, 막 깎은 잔디를 통한 후각, 식물 세계의 다양한 질감을 통한 촉각, 아이들이 수업을 통해 접하게 되는 여러 가지 과일이나 채소, 허브를 통한 미각 등을 들 수 있다. 이 모든 요소들이 훌륭한 선생과 더불어 발달하는 아이들에게 감각 동작을 자극하는 광범위한 레퍼토리가 된다. 실내건 야외건, 자연활동을 준비하는 모든 과정에는 놀이의 기회가 풍부하다. 크기, 모양, 질감, 숫자나 '가벼움/무거움' '빈 것/가득 찬 것' 에 대한 대비 개념 등을 높은 동기부여적 요인과 함께 흥미로운 목표를 갖고 탐험할 수 있다.

요약하면, Dr. Ruth Wilson이 말했듯이 "세상 최고의 언어발달 도구상자는 바로 세상 그 자체다". 지식이 풍부한 교사의 가르침 아래 자연적인 세상과 자연적인 재료를 사용한 활동은 장애아동이나 비장애아동들에게 이상적인 교육 기회에 대한 풍부한 목록을 제공해 준다.

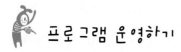

프로그램 운영하기

자연 세계로 아이들과 함께 모험을 시작할 때, 이 수업 계획은 활동의 선택에 지침이 될 것이며, 매주 한 개의 수업을 선택할 것이다. 이 수업 계획은 9월에서 이듬해 여름이 되면서 난이도가 높아지고, 기술과 어휘가 개발된다. 하지만 약간의 준비로 커리큘럼에 가장 잘 맞는 수업의 순서를 선택할 수도 있다. 이 장에서는 자연 프로그램을 성공적으로 수행하고 향상시킬 수 있는 일반적인 제안뿐만 아니라, 수업 계획을 진행하는 데 도움이 될 만한 특별한 아이템 목록을 제시할 것이다.

프로그램 준비하기

우선 몇 가지 기본 준비물이 필요하다. 대다수는 일반 가정용품으로 철물점이나 할인점 그리고 정원용품점에서 구입할 수 있다. 가정용품을 재활용하는 것은 프로그램의 비용을 낮추고, 환경적인 책임을 가르친다. 프로그램에서 필요로 하는 것은 다음과 같다.

❀ 창턱이나 창문 가까이에 있는 선반은 식물을 관찰하기 위하여 필요하다. 아이들이 작업한 것을 지켜볼 수 있고, 쉽게 접근할 수 있는 관찰 영역을 제공한다. 식물 아래 트레이를 놓아두는 것은 선반이 더러워지는 것을 예방한다.

❀ 흙 우리는 '흙' 이라는 말을 사용하지만, 사실은 흙이 아니라 물이끼와 펄라이트의 혼합물을 추천한다. 흙의 질감은 중요한데 아이들이 그것을 만지는 것을 즐기기 때문이며, 흙이 마르지 않도록 뚜껑 있는 용기에 보관해야 한다.

❀ 직경 25~30cm의 플라스틱 대야를 아이들에게 각각 나누어 주면, 모든 아이들은 각자 자신만의 흙을 갖게 된다.

❀ 물

❀ 물뿌리개 0.5~1ℓ들이 작고, 주둥이가 길며, 손잡이를 쉽게 잡을 수 있는 것이 좋다. 도움을 필요로 하는 한이 있더라도 아이들이 물뿌리개를 사용하도록 격려하고, 물뿌리개를 다룰 수 없는 아이들은 스펀지를 사용하여 물을 주게 한다.

❀ 화분 수업 계획안에서 달리 크기를 지정하지 않는 한, 아이들마다 사방 10cm 정도의 네모난 흰색 화분이나 작은 화분(8cm 높이의 둥근 화분)을 한 개씩 준다. 화분에 아이들의 이름을 적는 것은 그들의 이름을

인식하는 데 도움을 주는 좋은 방법이다.

🌸 플라스틱 화분받침(15cm)은 물을 주는 동안 화분 아래에 놓도록 한다.

🌸 플라스틱 식물 이름표는 아이들이 보고 다룰 수 있는 충분한 크기에, 각 식물의 이름과 심은 날짜를 적을 때 사용한다.

🌸 작은 글자를 쓸 수 있는 매직펜

🌸 테이블 아랫바닥에 깔아 둘 방수포 쓰레기가 많이 생긴다.

🌸 원형탁자 아이들이 교사와 눈을 마주치고, 상호작용하며 도울 수 있도록 사각 테이블보다는 둥근 테이블을 추천한다.

🌸 테이블보가 필요하다. 혹은 흙이 담긴 대야를 놓고도 작업할 공간이 남을 만큼 큰 개인 쟁반을 사용해도 좋다.

🌸 흙을 화분에 퍼 담을 숟가락 손잡이가 굵은 아이스크림 숟가락이 좋다. 다양한 색깔을 준비하여 아이들이 색을 고르도록 한다.

🌸 식물을 심을 구멍을 파기 위한 젓가락이 필요하다. 젓가락은 흙에 구멍을 낼 수 있는 어떤 것이라도 괜찮지만 둥근 젓가락이 사용하기에 좋다.

🌸 가위를 사용할 수 있는 손재주가 있는 아이에게는 작은 가위가 유용하다.

🌸 가는 고무 밴드

🌸 약 0.5ℓ의 분무기

🌸 이름표

🌸 각 수업 계획에 제시된 식재 재료

수업 계획

수업 계획은 가을에 시작하여 40주 동안 주마다 한 개씩, 일 년 동안 계속할 수 있도록 짜여 있다. 연간 진행되면서 수업은 앞서 획득한 기술을 바탕으로 굳건해지고, 개별적으로 마친 활동에 더해 그룹으로 활동에 참여하게 된다. 일 년 내내 과정과 어휘를 반복함으로써 아이들은 자신감과 친밀감을 형성하게 된다.

이 계획서에 있는 계절별 학습 계획을 따르건 혹은 연중 계획서 중의 개별 수업을 선택하건 간에, 매 수업마다 해당 활동이 증진하고자 하는 다양한 목적을 갖고 있음을 알게 될 것이다. 성장시키고자 하는 분야는 감각운동 영역, 언어와 어휘의 발달, 소근육 운동기술, 사회적 상호작용 및 인지 영역이다.

활동과 과정

개별적인 수업 계획을 보고 활동을 분석해 보면, 이 수업이 아이들에게 설정했던 목표를 달성시킨다는 것을 확신할 것이다. 모든 활동에서 '과정'이 수업 계획의 유익한 부분이라는 것을 기억할 필요가 있다. 활동의 완성이나 완벽한 수확물은 부차적인 것이거나, 심지어 불필요한 것일 수도 있다.

그룹활동이 유익함을 염두에 둔다. 아이들이 물건을 다른 아이에게 전달하거나 교대로 한다는 것은 서로에게 자신을 알리고, 이름을 기억하도록 하는 무척 좋은 방법이며, 나눔과 협동을 배우고, 친근감을 북돋우며 발전시킨다.

원예 실습과 어휘

다른 지시가 없는 한, 수업 계획 진행 시 다음에 제시한 원예 실습 방법을 활용한다.

❀ **화분 채우기** 대부분의 화분활동에 사용하는 10cm의 네모난 흰색 화분 안쪽 선까지, 또는 위로부터 약 4cm가량 되는 부분까지 채워서 물을 줄 수 있는 공간을 남겨 둔다. 흙은 잘 다져져야 한다. 숟가락이나 손 혹은 다른 화분 밑바닥을 이용하여 흙을 아래쪽으로 눌러 준다.

❀ **식물에 물 주기** 대부분의 식물은 물을 위로부터 천천히, 화분 바닥의 물 구멍으로 물이 새어 나오기 시작할 때까지 준다. 물은 화분받침으로 빠져나오도록 하고, 화분받침은 비워 줘야 한다. 절대로 물이 빠지는 곳에 식물이 닿지 않도록 한다. 아이들이 물뿌리개를 다룰 때 도와주려면 '손을 포개는' 방법을 사용한다. 즉, 들어 올리고 물을 따를 때 당신의 손을 아이의 손 위에 올려놓고 한다.

❀ **젓가락 사용하기** 씨앗을 심거나 잘라 낸 식물을 심기 위해 구멍을 만들 때, 흙 위에 젓가락을 대고 화분의 바닥 쪽으로 눌러 준다. 젓가락 밑을 고정하고 적당한 크기의 구멍이 될 때까지 젓가락을 돌려 준다. 구멍은 줄기의 굵기를 수용할 수 있을 정도의 크기가 되어야 한다. 젓가락을 돌려서 빼낸다.

❀ **식물 번식하기** 번식은 새로운 식물을 창조하는 활동이다. 이 수업 계획에는 씨앗 번식과 꺾꽂이, 포기 나누기 방법이 들어 있다. 각각에 대하여는 계획서에 충분히 설명되어 있다.

❀ **화분에서 식물 빼내기** 포기 나누기나 옮겨심기를 하기 위하여 화분에서 식물을 빼낼 때는 아이들에게 화분을 꽉 잡게 한다. 이렇게 하면 식물이 화분의 벽면에서 쉽게 빠지게 된다. 만약 식물이 크다면, 화분을 쟁반 위에 옆으로 뉘어 놓고 아이들로 하여금 화분을 밀게 한다.

❀ **흙을 촉촉하게 하기** 만약 그룹 안의 아이들 중 호흡기계의 문제를 가진 아이가 있다면, 혼합토를 완전히 적시고, 아이로 하여금 그 위에 약간 마른 혼합토를 덮도록 한다. 아이들은 젖고 마른 것, 밝고 어두운 것의 차이를 관찰할 수 있다. 그러나 먼지로 인하여 호흡 곤란을 일으킬 수 있기 때문에 숟가락으로 혼합토를 푸지 않도록 한다.

❀ **재료 준비하기** 정기적으로 사용하는 모든 도구들은 수업을 하는 동안 테이블 근처로 옮겨 갈 수 있는 카트에 준비해 두어야 큰 도움이 된다. 거의 모든 활동에 필요한 재료들은 흙, 화분, 물, 물뿌리개, 대야, 젓가락, 매직펜, 이름표다.

❀ **정의**

−발아: 씨앗에서 식물이 나오기 시작할 때, 흙 위로 녹색의 식물이 보이는 날이 발아 날짜다.

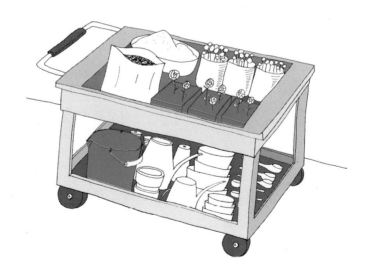

－잎자루: 잎자루는 잎사귀가 줄기에 붙어 있을 수 있도록 가냘프게 나온 줄기를 말한다.

－마디: 마디는 잎자루가 줄기에 붙어 있는 지점이다.

시작하기

각 활동을 시작하기에 앞서 학생들이 자연에 대하여 무언가 새로운 것을 발견하게끔 유도한다. 자발성과 창의성은 예상치 못한 즐거움을 선사할 것이다. 만약 구조화된 틀이 필요하다면, 교사의 도입 부분이 수업에서 요긴할 것이다. 어떤 경우든, 이것은 아이들의 주의를 집중하고, 그룹의 다른 사람을 인식하고, 시작하려고 하는 활동에 열광케 하는 자연스러운 방법이다. 기본적인 도입 부분은 각 수업 계획의 시작 부분에 제시하였다.

수업은 교사의 사전 준비를 줄임으로써 난이도를 높일 수도 있고, 수업 전에 더 많이 연습하여 좀 더 쉽게 만들 수도 있다. 아이들의 욕구에 맞춰 수업 계획을 조정한다. 수학적 개념(숫자 세기, 측정하기, 비교하기 등)은 수업에 쉽게 융합될 수 있으며, 과학적인 숙련(관찰하기, 질문하기, 시험하기 등) 또한 포함된다.

대부분의 수업 계획은 실내에서 시행할 수 있도록 짜였으나, 일부는 특별히 야외에서 할 수 있도록 되어 있다. 야외 정원활동은 모두에게 자연환경의 혜택을 누리게끔 한다. 즉, 햇볕, 신선한 공기, 운동, 계절의 변화 관찰 등이 그것이다. 일 년에 걸친 프로그램은 날씨만 허용된다면 매일같이 자연과 교감할 수 있는 기회를 제공한다. 텃밭 상자로 시작할 수도 있고, 아니면 화단이나 실제 정원 터를 원할 수도 있다. 물론 야외 수업을 하려면 계산적인 문제에 부딪히지만, 중요한 것은 야외 공간은 모든 아이들이 참여할 수 있는 접근 통로가 있고, 아이들에게 위험하지 않은 환경이어야 한다는 것이다.

야외 정원에 선정된 식물은 각각 다른 감각을 체험할 수 있는 것이어야 한다. 다양한 향의 허브, 밝은 색감의 식물, 질감이 독특한 식물, 흥미로운 성장 형태를 지닌 식물과 다양한 껍질을 가진 겨울 식물들은 교사와 학생 모두가 좋아한다. 가장 중요한 것은 아이들이 그들의 눈으로, 그들만의 속도와 방식으로 자연을 경험할 수 있도록 프로그램 동안에 계획되지 않은 약간의 시간을 마련해야 한다는 것이다.

보태기

일단 프로그램이 진행되면 새로운 차원의 추가를 하고 싶을 것이다. 이상적으로는, 그 속에 아이들이 사용할 수 있게 특별하게 고안된 야외 정원이 있어야 한다. 정원을 만드는 것은 커다란 프로젝트가 될 수도 있고, 혹은 간단한 몇 개의 용기를 가지고 시작할 수도 있다.

프로그램의 질을 높여 줄 다른 커다란 과제는 자연환경을 조절하여 어떤 날씨에도 접근할 수 있는 온실을 만드는 것이다. 이것은 관리자나 간부들의 절대적인 협조가 필요하지만, 불가능한 목표는 아니다. 온실의 금액과 형태는 굉장히 다양하며, 온실을 구입할 기부금도 구할 수 있다. 기금을 찾아보기 전에, 원하는 온실의 크기와 위치 및 접근성에 대한 문제를 어떻게 해결할 것인지에 대하여 구상한다.

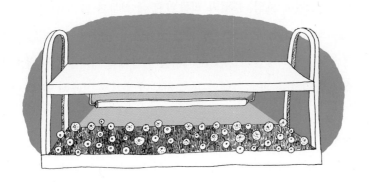

　자연 프로그램을 강화할 수 있는 또 다른 도구로는 빛수레가 있다. 이것은 식물을 담을 두세 칸의 선반을 갖추고 있고, 각 선반 위에는 조절 가능한 형광등이 설치되어 있다. 수레는 어디서나 구입할 수 있지만, 만약 금액이 예산을 초과한다면 선반을 구입하여 식물의 약 7~8cm 위쪽에 형광등을 달아 대용품으로 사용해도 된다.

　온실뿐만 아니라 빛수레도 기부금으로 구할 수 있다. 이 기금을 위해 환경적인 마인드를 가진 재단이나 아동자선단체를 찾아본다. 지역 내에서 비슷한 프로그램을 운영하고 있는 사람들이나 지역사회에 관심 있는 기업들에 이야기해 본다. 메릴랜드(Maryland) 주 게이더스버그(Gaithersburg)에 위치한 미국원예치료협회는 매해 온실 기부 프로그램을 시행하고, 버몬트 주(Vermont) 벌링턴(Burlington)에 위치한 국립 정원은 아이들을 위한 정원 프로그램을 연례 지원한다. 그곳에 지원을 요청해 볼 수도 있다.

　만약 비용이 프로그램을 시작하는 데 가장 큰 문제가 된다면, 초기에 물품구매를 최소화하고, 재고를 조금씩 추가하는 것이 현명하다. 또한 지역의 정원사, 이웃, 부모, 원예 모임, 클럽과 식물원 등에 식물과 물품의 기부를 부탁하는 것은 생각보다 쉽다. 무엇보다도 식물에 화학적 농약이 사용되었을 가능성을 염두에 두고, 반드시 안전한 것만 기부를 받아야 한다. 질 높은 제품이 프로그램의 질을 반영하고, 프로그램의 질은 기부의 증가를 이끌어 낼 수 있다.

안전 문제

안전 문제는 장애아동들이 참여하는 어느 때나 특히 중요한 것이다. 실내에서는 날카로운 도구를 다룰 때 미리 조심하고, 어떤 화학약품도 사용하지 말며, 무독성 식물과 재료를 사용해야만 한다. 프로젝트를 시작하기 전에 아이들의 몸에 상처가 있으면 어린이용 장갑이나 밴드를 사용하여 노출되지 않도록 한다. 가능하다면 보조교사나 부모 자원봉사자를 적절하게 배치한다. 학급교사 이외의 사람에 의해 프로그램이 진행된다 하더라도 학급 교사는 남아서 참여한다. 이것은 아이들이 집중하고, 안정감을 느끼며, 더 편안하게 느낄 수 있도록 도와준다.

야외의 안전 주의 사항도 비슷하다. 우선 제한된 영역 안에서 활동하도록 한다. 연장의 사용을 세밀히 통제하고, 야외 공간에 남아 있는 누구도 화학약품을 사용하지 않도록 주의한다. 활동 영역 안의 다른 식물의 독성을 확인하고, 공간 안의 놀이도구의 상태를 확인한다. 활동 영역은 배수가 잘되어야 한다. 아이들이 들어가서 놀 수 있는 상호작용 공간을 계획하되, 추가적인 감독이 필요함을 고려해야 한다. 즉, 보조교사나 부모 봉사자들을 활용한다.

마지막으로, 이 프로그램을 운영할 때 각각의 아이들은 다양한 수준으로 참여한다는 것을 기억해야 한다. 어떤 아이는 거의 도움 없이 과제를 마칠 수 있지만, 다른 아이는 계속적인 도움이 필요하고, 또 다른 아이는 도움 없이는 과제를 마치지 못할 수도 있다. 집중의 폭은 활동을 이틀에 걸쳐 시행하도록 영향을 미칠 수도 있다. 아이들과 진행하는 동안 종종 수업에 적응할 필요가 있다. 많은 배움의 기회는 예상치 못하게 오는 것이지만, 당신이 유연하다면 그 기회가 왔을 때 잡아 아이들과 더 많은 시간을 보내는, 또 다른 세상이 될 것이다. 그리고 우리의 가장 중요한 목표는 아이들이 자연과 결합하도록 도와주는 것이다.

우리는 이 책이 아이들에게 자연의 세계를 열어 주는 열쇠가 되기를 희망한다. 이 커리큘럼은 단지 배움을 향한 디딤돌이며, 상상과 함께한다면 한계가 없을 것이다.

수업 계획

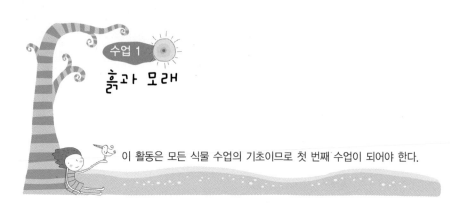

수업 1

흙과 모래

이 활동은 모든 식물 수업의 기초이므로 첫 번째 수업이 되어야 한다.

재료

(바닥이) 넓은 대야 혹은 트레이, 혼합 흙, 10cm 화분, 모래, 숟가락, 매직펜, 120ml 컵

준비(아이들마다 개별 준비)

1. (바닥이) 넓은 대야 혹은 트레이에 2cm가량의 흙을 적당하게 채운다.

2. 120ml 컵에 모래를 1/2~3/4가량 채운다.

3. (바닥이) 넓은 대야 안에 모래가 담긴 컵을 놓는다.

4. 화분마다 매직펜으로 아이들 각자의 이름을 쓴다.

5. 활동할 수 있는 공간을 준비한다.

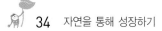

1. 도입: 야외 정원은 화초로 가득하다. 아이들의 볼이나 팔에 닿게 할 몇 장의 부드러운 꽃잎을 가져온다. 꽃은 흙에서 자란다는 것과 같은 꽃에 대한 것을 아이들에게 설명해 준다.

2. 흙이 차 있는 (바닥이) 넓은 대야를 테이블에 올려놓고, 아이들이 흙의 감촉을 느껴 볼 수 있도록 한다.

3. 모래가 담긴 (바닥이) 넓은 대야를 테이블에 올려놓고, 아이들이 모래를 만져 보도록 한다.

4. 아이들에게 손이나 숟가락을 이용하여 흙과 모래를 섞는 것을 시범 보인다.

5. 모래흙을 화분 안쪽의 기준선까지 채우는 것을 시범 보인다.

6. 아이들의 테이블로 (바닥이) 넓은 대야를 넘긴다.

7. 아이들에게 흙 속에 모래를 붓도록 한다.

8. 아이들이 자신의 빈 컵을 서로 교환하도록 한다. 그들은 자신만의 색을 고를 수 있다.

9. 아이들과 함께 모래와 흙을 섞는다.

10. 서로에게 화분을 넘겨 주도록 하고, 자신의 화분에 모래흙을 채우도록 한다.

🐌　**주안점**

흙과 모래는 원예 수업의 첫 번째 주제다. 아이들의 집중력의 폭은 매우 다양하기 때문에, 몇몇은 밖으로 나갈 수도 있고, 몇몇은 그룹 안에 있을 수도 있다. 몇몇의 아이들은 흙을 만지고 싶어 하지 않을 수도 있다. 아이들의 운동 능력의 범위는 다양하며, 몇몇 아이들은 손을 잡고 같이해야 할 정도로 도움이 필요할 수도 있다.

🐌 적용

아이들 대부분은 어른과 일대일로 작업할 때 가장 열심히 활동한다. 흙을 손으로 만지는 것을 원하지 않는 아이들은 숟가락을 사용하도록 격려하라. 흙이 담긴 (바닥이) 넓은 대야는 몇몇의 아이들에게는 적합하지만, (바닥이) 넓은 대야의 주변부로 팔을 올려 짚을 수 없는 아이들이 흙을 만지기 위해서는 (바닥이) 넓은 대야보다는 평편한 트레이가 필요하다.

🐌 팁

한 번에 한 개의 도구를 제공하고, 한 번에 한 단계씩 하도록 한다. 이것은 식물 번식 순서의 첫 번째 단계이고, 아이들은 앞으로 많은 수업들을 배울 것이다. 첫 번째 세션은 교사가 아이들의 이름을 하나씩 부르면 아이들이 재료를 넘겨 주면서 시작하도록 하라. 아이들은 그룹 안의 다른 사람들을 인식하기 시작할 것이다.

🐌 발달 과정

- 수행기술 연습
- 한 단계씩 지시에 따라가기
- 사회적 상호작용 기술 연습
- 감각−운동 기술 훈련
- 촉감 경험(예: 모래, 부드러움)

🐌 자연 개념과 과정

- 흙에 대해 소개한다.
- 모래에 대해 소개한다.
- 흙과 모래를 함께 섞어 모래흙을 만든다.
- 가득 찬 것과 비어 있는 화분을 비교한다.

🐌 어휘

모래, 흙, 숟가락, (바닥이) 넓은 대야, 섞다, 화분, 가득 채운, 비어 있는, 무거운, 가벼운, 모래밭

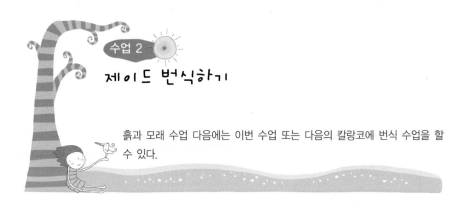

수업 2

제이드 번식하기

흙과 모래 수업 다음에는 이번 수업 또는 다음의 칼랑코에 번식 수업을 할 수 있다.

재료

흙, 모래, (바닥이) 넓은 대야 혹은 트레이, 120ml 컵, 10cm 화분, 자르기 위한 제이드 식물, 10~15cm 크기로 잘라 놓은 제이드, 제이드 잎사귀, 숟가락, 물이 담긴 물뿌리개, 접시, 젓가락, 가위, 매직펜, 이름표

준비

1. 제이드 식물에서 줄기를 얻는다(삽수: 꺾꽂이 재료). 삽수는 3~4마디 크기로 자른다.
2. 마디를 노출시키도록 가위로 줄기 아랫부분에 있는 잎사귀를 제거한다.
3. 가장 큰 잎사귀들을 남긴다.

4. (바닥이) 넓은 대야에 흙을 2cm가량 채운다.

5. 120ml 컵의 1/2~3/4가량을 모래로 채우고 (바닥이) 넓은 대야 안쪽에 놓는다.

6. 이름표에 각 아이들의 이름을 적는다.

7. 활동할 공간을 마련한다.

🐌 작업 순서

1. 도입: 제이드를 사용하여 번식하는 것이 아이들에게는 쉽다. 제이드는 식물의 부분—줄기, 잎, 마디—을 구별하기가 쉽다. 제이드는 또한 녹색을 이해하기에 유용한 식물이다. 방 안에 있는 녹색 물건을 찾아본다. 만약 아이의 옷이 녹색일 경우 특별하게 언급한다.

2. 아이들이 돌아가며 제이드 화분을 꽉 쥐어 보도록 한다.

3. 화분에서 식물을 꺼낸다.

4. 식물을 관찰하고, 뿌리와 줄기 및 잎을 구별한다.

5. 잎을 잘라 보고, 관찰하며, 잎사귀 안에 있는 물을 알아본다.

6. 화분 안의 제이드와 뿌리 없이 잘려진 제이드를 비교한다.

7. 번식 시범 보이기

　① 모래와 흙을 숟가락이나 손을 이용하여 섞는다.

　② 10cm의 화분을 모래흙으로 채우고, 같은 크기의 빈 화분을 화분의 흙 위로 얹어 화분 안의 흙을 화분 안쪽 선까지 누른다.

　③ 젓가락을 이용하여 화분의 중심부에 구멍을 만든다.

　④ 잘라 놓은 제이드를 구멍에 넣는다. 적어도 한 마디가 흙 속으로 들어

가야 하고, 고정하기 위하여 자른 부분의 주변부를 눌러 준다.

⑤ 제이드를 심은 화분을 받침대 위에 놓는다.

⑥ 물을 준다.

⑦ 식물에 물을 줄 때, 자른 잎사귀들과 흙 속에 있는 잎 꼭지의 약 5~8cm가 화분의 주변에 오게 한다. 잎사귀 위쪽 표면이 위쪽을 보도록 해야 한다.

⑧ 화분에 이름표를 꽂는다.

8. 번식과 관련된 재료들을 한 번에 한 개씩 제공하고, 한 번에 한 단계씩 진행한다.

🐌 원예 요구 사항

제이드를 번식시키기 위해서는 화분은 따뜻하고 간접적인 햇살이 비치는 밝은 곳에 놓는다. 표면의 약 1cm가 마르면 식물에 물을 준다. 물을 너무 많이 주면 자른 부분이 썩게 된다.

🐌 적용

화분 주변에 잎사귀를 놓을 때 일대일 도움이 필요할 수 있다. 이번 단계는 몇몇 아이들은 하지 못할 수도 있다.

🐌 팁

제이드는 다육식물이다. 다육식물은 그들의 모든 다육질 부분에 물을 저장한다. 물을 많이 주지 마라! 재료를 아이에게서 아이에게로 건네주는 것은 아

이들이 그룹 안에서 다른 이를 인식할 수 있게 돕는다. 아이들의 집중을 돕고, 한 번에 한 단계를 완수하기 위해 필요한 재료만을 제공하라.

🐌 발달 과정

- 지시에 한 단계씩 따라가기
- 수행기술 연습
- 촉감 훈련
- 근력 기르기
- 소근육 운동기술 연습
- 사회적 상호작용 기술 연습

🐌 자연 개념과 과정

- 식물은 뿌리, 줄기, 잎을 가지고 있다.
- 식물은 물을 필요로 하고, 우리는 식물 안쪽에서 물을 볼 수 있다.
- 몇몇 식물은 잎으로부터 자라난다.
- 몇몇 식물은 물이 필요할 때를 대비하여 물을 저장한다.

🐌 어휘

모래, 흙, 잎사귀, 뿌리, 줄기, 제이드, 젓가락, 중앙

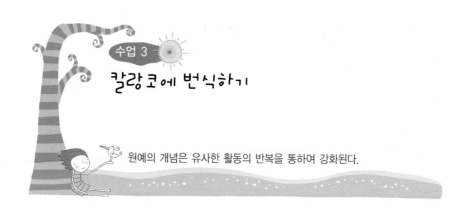

수업 3

칼랑코에 번식하기

원예의 개념은 유사한 활동의 반복을 통하여 강화된다.

🐌 재료

흙, 모래, (바닥이) 넓은 대야 혹은 트레이, 120ml 컵, 10cm 화분, 10~15cm 크기의 칼랑코에, 숟가락, 물이 담긴 물뿌리개, 받침대, 매직펜, 가위, 젓가락, 물

🐌 준비

1. 줄기 밑부분의 잎사귀를 정리한 칼랑코에를 3~4마디가 보일 정도로 가위로 자른다. 꽃은 잘라 낸다.
2. (바닥이) 넓은 대야 혹은 트레이를 2cm가량의 흙으로 적당히 채운다.
3. 120ml 컵의 반을 모래로 채우고, (바닥이) 넓은 대야의 안쪽에 놓는다.

4. 활동 공간을 마련한다.

🐌 작업 순서

1. 도입: 칼랑코에를 자른 것에서 나온 꽃들을 모아 놓는다. 자극을 주기 위해 아이들의 턱이나 팔을 꽃으로 쓰다듬는다. 아이들이 꽃 색깔을 정의하는 데 도움을 준다.

2. 화분에 담긴 칼랑코에를 꽉 쥐고, 화분 안에서 꺼낸다.

3. 칼랑코에를 관찰하고, 줄기와 꽃, 잎과 뿌리를 알아본다.

4. 화분에 담긴 칼랑코에와 잘라서 뿌리가 없는 칼랑코에를 비교해 본다.

5. 번식 시범 보이기

   ① 모래와 흙을 숟가락이나 손을 이용하여 섞는다.

   ② 10cm 화분을 모래흙으로 채우고, 같은 크기의 빈 화분을 화분의 흙 위로 얹어 화분 안의 흙을 화분 안쪽 선까지 누른다.

   ③ 젓가락을 이용하여 화분의 중심부에 구멍을 만든다.

   ④ 잘라 놓은 칼랑코에를 구멍에 넣고, 고정하기 위하여 자른 부분의 주변부를 눌러 준다.

   ⑤ 칼랑코에를 심은 화분을 받침대 위에 놓고, 점점 물이 바닥으로 나올 때까지 물을 준다.

6. 재료들을 한 번에 한 개씩 제공하고, 한 번에 한 단계씩 진행한다.

🐌 원예 요구 사항

칼랑코에를 번식시키기 위해서는 화분은 따뜻하고 간접적인 햇살이 비치는 밝은 곳에 놓는다. 표면의 약 1cm가 마르면 식물에 물을 준다. 물을 너무 많이 주면 자른 부분이 썩게 된다. 보기에 뿌리가 화분의 바깥으로 나와 있다면, 칼랑코에 화분을 햇살 드는 창가에 놓아야 한다.

🐌 적용
아이들은 활동을 완수하기 위해 일대일 도움이 필요할 수도 있다.

🐌 팁
칼랑코에는 제이드와 같은 다육식물이고, 그들의 몸의 모든 다육질 부분에 물을 저장해 놓는다. 절대로 물을 많이 주지 마라! 아이들이 서로서로 재료를 전달하도록 하고, 계속해서 그들의 이름을 불러 주는 것은 아이들이 그룹 안의 다른 아이들을 인식하는 데 도움을 준다. 아이들의 집중력을 높이기 위해, 한 번에 한 단계를 완수하기 위해 필요한 재료만을 제공하라.

🐌 발달 과정
- 과제를 단계적으로 따라 하는 연습
- 그룹 내의 다른 사람에 대한 인지 강화
- 소근육 운동기술 훈련
- 색에 대한 인지 강화
- 사회적 기술과 의사소통 기술 연습
- 촉감 훈련

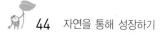

- 식물은 물을 필요로 한다.
- 식물은 뿌리와 줄기, 잎과 꽃을 가지고 있다.
- 몇몇 식물은 자라나는 데 모래흙이 필요하다.
- 잘려진 줄기에는 뿌리가 없다.

🐌 **어휘**

흙, 모래, 뿌리, 줄기, 잎사귀, 꽃, 젓가락, 화분, 숟가락, 색깔, 중앙, 칼랑코에

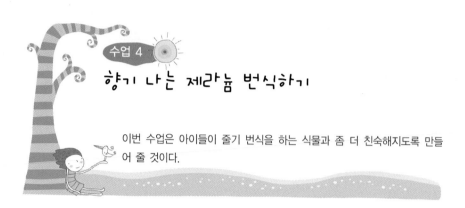

수업 4

향기 나는 제라늄 번식하기

이번 수업은 아이들이 줄기 번식을 하는 식물과 좀 더 친숙해지도록 만들어 줄 것이다.

재료

흙, 모래, (바닥이) 넓은 대야 혹은 트레이, 120ml 컵, 10cm 화분, 향기 나는 제라늄 식물, 10~15cm 크기의 잘라 놓은 제라늄, 물이 담긴 물뿌리개, 받침대, 젓가락, 가위, 매직펜, 이름표

준비

1. 제라늄 식물에서 필요한 부분을 자른다. 줄기는 적어도 10~15cm 크기에 3마디가 들어가 있어야 한다.
2. 마디가 보이도록 줄기 밑부분의 잎사귀를 제거한다.
3. 잎사귀들을 모아 놓는다.

4. 120ml 컵의 1/2~3/4가량을 모래로 채우고, 컵을 (바닥이) 넓은 대야 안
   에 놓는다.
5. 이름표에 아이들 각자의 이름을 적는다.
6. 활동 공간을 준비한다.

🐌 작업 순서

1. 도입: 향기 나는 제라늄의 많은 종들은 늦봄에서 이른 여름까지 정원에
   서 쉽게 볼 수 있다. 특별히 제라늄은 레몬향과 장미향이 난다. 장미향이
   나 레몬향의 향수와 제라늄의 잎사귀를 문질렀을 때 풍기는 향기를 비교
   하면서 수업을 시작할 수 있다. 제라늄은 꽃이 아닌 잎사귀에서 향기가
   난다.
2. 아이들에게 향기 나는 잎사귀를 건넨다. 아이들이 그것을 문지르고, 향기
   를 맡도록 한다.
3. 무슨 향기인지 알아맞히도록 한다.
4. 잘라 놓은 제라늄과 화분 안의 제라늄을 비교하고, 식물의 부위을 구별
   한다.
5. 번식 시범 보이기

   ① 모래와 흙을 숟가락이나 손으
      로 섞는다.

   ② 10cm의 화분을 모래흙으로 채
      우고, 같은 크기의 빈 화분을
      화분의 흙 위로 엎어 화분 안의 흙을 화분 안쪽 선까지 누른다.

③ 젓가락을 이용하여 화분의 중심부에 구멍을 만든다.

④ 잘라 놓은 제라늄을 구멍에 넣고, 적어도 한 마디는 흙에 묻히도록 한다.

⑤ 제라늄을 고정하기 위하여 주변부의 흙을 누른다.

⑥ 제라늄을 심은 화분을 받침대 위에 놓고, 점점 물이 바닥으로 새어 나올 때까지 계속해서 조금씩 물을 준다.

⑦ 화분에 이름표를 꽂는다.

6. 재료들을 한 번에 한 개씩 제공하고, 한 번에 한 단계씩 진행한다.

🐌 주안점

향이 나는 제라늄의 줄기는 쉽게 부러지거나 구부러진다. 줄기 주변부의 흙을 어떻게 단단하고 조심스럽게 누르는지 시범을 보인다. 잘라 놓은 줄기들을 여분으로 준비한다.

🐌 적용

제라늄은 흙이 섞이지 않은 배양기에서도 번식이 잘되기도 한다. 그런데도 모래를 섞는 것은 촉감을 자극하고, 제라늄이 배수가 잘되는 흙에서 잘 자라기 때문이다.

🐌 팁

잎사귀를 아이들의 뺨에 문지르면 향기가 난다. 아이들이 스스로 잎사귀를 이용하여 서로 간지럽혀 보도록 한다. 이것은 감각을 자극한다. 제라늄 잎사귀에서 나오는 오일은 식물이 햇빛 아래에서 자랐을 때 좀 더 강한 향을 낸다. 번식하기 위한 제라늄에 번호를 매기고, 아이들에게 어떤 향기를 가장 좋아하는지 선택하도록 한다. 아이들은 자신들이 원하는 1번, 2번 혹은 3번 줄기를 선택하게 될 것이다.

🐌 발달 과정
- 사회적 상호작용과 의사소통 기술 연습
- 후각의 구별 훈련
- 촉감 자극 훈련
- 순차적인 단계 따르기 연습
- 소근육 운동기술과 부드러운 촉감의 강화
- 선택하기 연습

🐌 자연 개념과 과정
- 식물의 부위, 특별히 잎사귀를 확인한다.
- 어떤 식물의 잎은 매우 향기롭다.
- 식물의 잎은 다양한 질감을 가지고 있다.

🐌 어휘
제라늄, 녹색, 잎사귀, 냄새 맡기, 코, 레몬, 장미, 마디, 부드러운, 솜털이 보송보송한

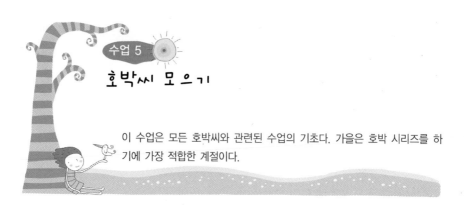

호박씨 모으기

이 수업은 모든 호박씨와 관련된 수업의 기초다. 가을은 호박 시리즈를 하기에 가장 적합한 계절이다.

재료

호박(다양한 크기와 모양), 호박을 자르기 위한 칼이나 톱니 모양의 칼, 씨앗을 밖으로 꺼내기 위한 숟가락이나 국자, 씨앗을 담을 그릇, 페이퍼타월, 신문지

준비

1. 줄기 부분이 잘라진 작은 호박을 준비하되, 윗부분이나 줄기를 없애지 않는다. 필요하다면 윗부분을 느슨하게 닫아 놓는다.

2. 테이블 위에 각기 다른 크기의 호박을 놓고 활동 공간을 만든다. 활동 공간에는 신문지를 깔아 놓는다.

🐌 작업 순서

1. 도입: 차가운 야외에 호박을 놓아둔다. 아이들이 그것을 관찰할 때, 어떻게 느껴지는지 질문한다. 아이들은 손으로 그것을 만져 보고, 비교해 본다. '호박으로 인해 우리가 차가워졌나요? 따뜻해졌나요?'

2. 아이들은 호박을 관찰하고, 만지고, 느끼고, 냄새를 맡는다. 그리고 색깔과 모양 및 질감을 적어 보고, 크기를 비교해 본다. 호박에 흙이 묻어 있는 것은 호박이 땅에서 자라난다는 것을 보여 준다.

3. 큰 호박을 잘라, 아이들이 윗부분을 당겨서 열 수 있도록 도우면서 함께 씨앗을 꺼낸다.

4. 각자 윗부분이 미리 열려 있는 작은 호박을 고르도록 한 뒤에 윗부분을 열어 씨앗을 꺼내도록 한다.

5. 씨앗의 일부분은 나중에 심기 위해 모아 둔다.

🐌 주안점

호박의 안쪽 부분을 만지고 싶어 하지 않는 아이들은 호박의 윗부분에서 숟가락을 사용하여 씨앗을 모으도록 한다. 페이퍼타월은 손을 닦는 데 사용할 수 있다.

🐌 적용

만약 호박을 한 명당 한 개씩 제공하기에 부족하다면, 짝을 지어 활동을 할 수 있다. 한 명은 호박을 잡고 있고, 다른 한 명은 씨앗을 퍼내도록 한다.

🐌 팁

아이들의 손아귀 힘에 맞도록 다른 크기의 국자를 제공한다. 아이들이 손으로 숟가락을 사용하도록 한다. 이 활동은 감각의 통합을 자극하고, 촉각과 후각 및 미각을 발달시킨다.

🐌 발달 과정

- 촉각과 후각의 자극: 미끄러움, 젖음, 얇음
- 소근육 운동기술 훈련
- 크기, 모양, 색깔, 무게, 질감, 온도의 비교
- 의사소통 기술 연습

🐌 자연 개념과 과정

- 호박은 안쪽에 씨앗을 가지고 있다.
- 호박은 독특한 냄새를 풍긴다.
- 호박은 땅에서 자란다.
- 호박은 다양한 크기, 무게, 모양, 색깔, 질감을 가지고 있다.

🐌 어휘

호박, 줄기, 씨앗, 오렌지색, 국자, 얇음, 모양, 미끄러움, 젖음, 둥근, 원

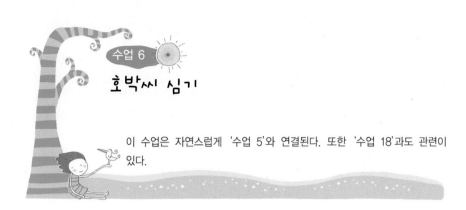

호박씨 심기

이 수업은 자연스럽게 '수업 5'와 연결된다. 또한 '수업 18'과도 관련이 있다.

🐌 재료

씨앗 거두기 활동을 통해 모아 놓은 호박씨, 호박, (바닥이) 넓은 대야 혹은 트레이, 국자, 흙, 10cm 화분, 물이 담겨 있는 물뿌리개, 받침대, 이름표, 매직펜, 톱니 모양의 칼

🐌 준비(아이들마다 개별 준비)

1. (바닥이) 넓은 대야에 2cm가량의 흙을 담는다.
2. 화분 안쪽의 가장자리로부터 약 1cm 위치에 선을 그린다.
3. 이름표 한쪽에 아이들 각각의 이름을 쓰고, 다른 쪽에는 '호박씨'와 날짜를 적는다.

4. 활동 공간을 마련한다.

1. 도입: 호박을 열어 보이며 호박씨를 꺼냈던 것을 상기시키고, 씨앗을 관찰하게 한다.
2. 씨앗 심기를 시범 보인다.
   ① 화분에 흙을 채우고 흙이 안쪽의 선에 닿도록 단단하게 눌러 준다.
   ② 흙 표면에 3~5개의 씨앗을 놓고, 2cm가량의 흙으로 덮는다.
   ③ 흙을 꼭꼭 누른다.
   ④ 받침대 위에 화분을 놓고, 화분 아래쪽에서 물이 빠져나올 때까지 천천히 물을 준다.
3. 아이들에게 한 번에 한 개의 재료를 전달하고, 시범을 보이면서 한 번에 한 단계씩 완성하도록 한다.

🐌 **주안점**

아이들은 물을 부으면서 느껴지는 감촉의 자극을 좋아하며, 화분의 바닥으로부터 물이 새어 나오는 것을 관찰하는 것을 즐긴다. 이번 수업에서는 물을 주는 바른 방법과 바르지 못한 방법을 시범 보인다. 화분에 물이 넘치게 되면, 어떻게 씨앗이 씻겨 나가는지를 보여 줄 수 있는 기회가 될 것이다. 씨앗이 흙 속에 있지 않으면, 자랄 수 없다는 것을 설명한다.

🐌 적용

물뿌리개에 흙을 적실 수 있을 만큼의 적당한 양의 물을 채운다.

🐌 팁

씨앗 심기 활동을 하기 3~4주 전에 미리 씨앗을 뿌려 둔 뒤에, 아이들이 자신이 심은 씨앗이 어떻게 성장하고 발아하는지 볼 수 있게 한다. 물을 줄 때 화분을 들어 올리면, 아이들은 바닥에서 새어 나오는 물방울을 볼 수 있다. 이것은 물 주기를 멈추라는 신호다. 아이들이 화분 아래쪽에 손을 두고 물이 나오는 느낌을 느끼도록 격려한다.

🐌 발달 과정

- 운동 능력(물 주기) 기르기
- 지시에 따르기
- 기억력의 강화
- 촉각과 후각의 훈련
- 눈과 손의 협응 훈련

🐌 자연 개념과 과정

- 씨앗은 흙에서 자란다.
- 씨앗이 자라기 위해서는 물이 필요하다.
- 물을 빠르게 주면 흙과 씨앗이 씻겨 나간다.

🐌 어휘

호박씨, 오렌지색, 물 주기, 천천히, 빨리

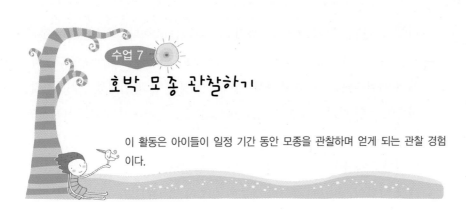

호박 모종 관찰하기

이 활동은 아이들이 일정 기간 동안 모종을 관찰하며 얻게 되는 관찰 경험이다.

🐌 재료

호박 모종이 심긴 10cm 크기의 화분, (바닥이) 넓은 대야 혹은 트레이

🐌 준비

활동 공간을 준비하고, 아이들마다 각자 호박 모종이 심긴 화분과 (바닥이) 넓은 대야 혹은 트레이를 준비한다.

🐌 작업 순서

1. 도입: 아이들은 모종 화분을 보고, 그것의 이름을 알 수도 있고 모를 수도 있다. 중요한 것은 각각의 아이들이 그룹의 다른 아이들을 인식하는 것과

이름으로 다른 아이들을 인식하기 시작한다는 것이다. 화분을 들어 올려 보고 자신의 것임을 인식하는 것을 시작으로, 아이들은 자신들이 그룹 안에서 각각 다른 사람들 가운데 하나라는 것을 알고 이해하기 시작한다. 이름이 쓰인 각자의 화분('수업 6'에서 만든)을 알아내면서 수업을 시작하고, 활동을 이어 나간다.

2. 아이들 각자에게 모종이 심긴 화분을 전달한다.

3. 해당 사항이 있다면, 각자의 화분에 모종이 몇 개나 되는지 세어 본다.

4. 아이들은 화분을 꽉 쥐어서 (바닥이) 넓은 대야 안에 놓아둔다.

5. 아이들과 함께 모종을 관찰하고, 씨앗(화분 안에 있다면), 뿌리, 줄기, 잎을 구별한다.

6. 아이들에게 호박은 날씨가 따뜻하고, 햇빛이 있는 야외에서 자란다는 것을 설명한다. 우리는 실내에서 씨앗을 키울 수 있고, 그것이 자라는 것을 관찰하면서 즐거움을 느끼게 된다. 그러나 호박은 실내에서는 성장하지 못한다.

🐚 주안점

아이들은 모종을 관찰하는 동안 각 부위를 잡아당길 수 있다. 이것은 아이들이 학습하기 위한 것임을 예상할 수 있다. 식물이 성장하기 위해서는 잎사귀, 줄기, 뿌리의 모든 부분이 필요함을 설명한다.

🐚 적용

만약 아이들이 화분을 꽉 쥐어서 꺼낼 수 없다면, 화분을 옆으로 눕혀서 힘을 가하면서 굴리면 모종이 화분 밖으로 나오게 된다.

🐚 팁

이번 활동은 '수업 8'과 연계하여 할 수 있다. 물을 주지 않은 모종을 심은 화분을 한 개 혹은 여러 개 준비한다. 아이들은 이 모종이 왜 건강한 모종과 다르게 보이는지 이해하게 된다. 만약 야외 정원이 있다면, 늦봄에 씨앗을 땅에 심도록 한다.

🐚 발달 과정

- 촉각 및 시각 기술 훈련
- 의사소통과 사회적 기술 연습
- 소근육 운동기술 연습
- 이름 인지의 강화
- 숫자 세기 기술 연습

- 씨앗은 흙에서 자란다.

- 씨앗은 뿌리와 줄기 및 잎을 가진 식물로 자라난다.

- 호박은 야외의 흙과 햇빛 아래서 자란다.

- 모든 자라나는 생명은 물이 필요하다.

🐌 **어휘**

호박, 씨앗, 모종, 흙, 뿌리, 줄기, 잎사귀, 물

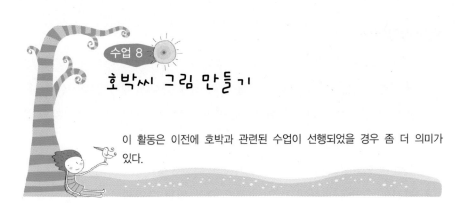

호박씨 그림 만들기

이 활동은 이전에 호박과 관련된 수업이 선행되었을 경우 좀 더 의미가 있다.

재료

호박씨, 신선한 호박, 오렌지색 합판, 가위, 물풀, 풀을 바르기 위한 솔, 작은 통, 칼, 국자, 매직펜

준비

1. 오렌지색 합판을 호박 모양으로 자른다(둥근 오렌지색 종이 접시를 사용할 수도 있다).
2. 작은 통에 호박씨를 담는다.
3. 작은 통에 풀을 담는다.

1. 도입: 성장의 계절이 가까워 오면, 정원의 장미나 다른 꽃들의 향기를 맡아 보는 수업을 시작한다. 장미를 꺾기 전에 가시는 제거해야만 한다. 물을 담은 꽃병에 장미를 꽂아 두고, 꽃이 며칠 동안 싱싱함을 유지하기 위해서는 신선한 물이 필요하다는 것을 설명한다.

2. 신선한 호박을 자르고, 그 안의 씨앗을 확인한다.

3. 이전의 수업을 회상해 보고(씨앗 거두기), 이전 수업에서 심어 둔 씨앗을 관찰한다.

4. 합판 호박에 풀을 바르고, 씨앗을 붙이는 활동을 시범 보인다.

5. 아이들에게 마른 호박씨와 새로 거둔 젖은 호박씨를 비교해 보도록 한다.

6. 종이 호박을 나눠 준다.

7. 풀과 솔을 나눠 준다.

8. 종이 호박에 풀을 칠한다.

9. 씨앗을 나눠 준다.

10. 종이 호박 위에 씨앗을 붙인다.

11. 종이 호박에 아이들의 이름을 적고, 씨앗이 마를 때까지 모으지 않는다.

🐌 적용

준비 시간을 절약하기 위해, 호박 모양의 오렌지색 접시를 사용한다. 갈색 합판으로 줄기를, 녹색 합판으로 잎사귀를 표현한다.

🐌 팁

이번 활동은 이전의 호박 관련 활동을 회상하기에 좋은 기회가 된다. 호박씨를 만지고, 냄새 맡으며, 호박씨를 먹음으로써 감각의 자극을 돕는다(주의점: 파는 호박씨는 농약이 묻었으므로, 반드시 미리 준비된 종자를 사용해야 한다).

🐌 발달 과정

- 촉각, 시각, 후각의 훈련
- 운동기술 훈련
- 회상 능력 연습
- 마른 것과 젖은 것 비교하기
- 단계적 활동의 연습
- 색깔의 비교
- 의사소통과 사회적 상호작용 기술 연습
- 수행기술 발달

🐌 자연 개념과 과정

- 호박은 씨앗을 가지고 있다.
- 호박의 씨앗은 안쪽에 젖은 채로 있다.

🐌 어휘

호박, 씨앗, 오렌지색, 풀, 젖음, 마름

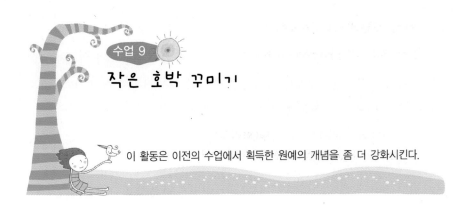

수업 9
작은 호박 꾸미기

이 활동은 이전의 수업에서 획득한 원예의 개념을 좀 더 강화시킨다.

🐌 재료

작은 호박이나 박, 원예용 테이프, 말린 꽃이나 잘 보존된 꽃(예: 밀짚꽃, 안개꽃), 여분의 다양한 크기의 호박들, 매직펜, 작은 통

🐌 준비

1. 호박과 박에 묻은 흙을 씻어 내고, 잘 말린다(시간이 되면, 아이들이 자신의 호박이나 박을 고르고, 활동 전에 씻고 말리도록 한다).
2. 마른 재료들을 호박의 크기에 맞도록 자른다.
3. 다양한 마른 재료들을 작은 통에 담는다.

◎ 작업 순서

1. 도입: 싱싱한 꽃과 잎사귀를 조금씩 정원에서 가져온다. 특별히 아이들의 손과 뺨에 꽃잎을 가볍게 대 보면서 얼마나 부드러운지 적어 본다. 마른 꽃과 잎사귀로 똑같이 해 본 뒤에 느낌을 비교해 본다. 아이들이 마른 꽃과 잎사귀를 부서 보도록 하고 손이 젖었는지 질문한다. 싱싱한 나뭇잎을 부서 보고, 손이 젖었는지 느껴 본다.

2. 크고 작은 호박들이 어떻게 비슷한지, 어떻게 다른지 비교해 본다.

3. 작은 호박을 어떻게 꾸미는지 시범 보인다.
    ① 호박 윗부분에 약 4cm 길이의 원예용 테이프를 한 조각 붙인다.
    ② 윗부분의 표면을 테이프로 계속해서 덮는다.
    ③ 테이프의 끈끈한 면이 바깥으로 나오도록 표면의 종이를 떼어 낸다.
    ④ 작은 호박을 장식하기 위해 테이프 위에 꽃을 붙인다.

4. 아이들 각자가 꾸밀 호박을 고르도록 한다.

5. 아이들은 한 번에 한 단계씩 시범에 따라서 활동을 완성한다.

6. 호박의 아랫부분에 각자의 이름을 적는다.

◎ 주안점

종종 아이들은 한 개 이상의 호박을 요구하기도 한다. 그런 경우는 나누어 쓰는 것에 대하여 이야기할 기회가 된다.

🐌 적용

아이들은 이번 활동을 완성하기 위해 일대일 도움이 필요할 수도 있다. 미리 마른 재료들을 잘라 놓았다면, 이번 활동의 완성도를 높일 수 있다.

🐌 팁

윗부분과 바닥이 평편한 호박과 박을 고른다. 판판한 바닥에 테이프를 붙이는 것은 손쉽고, 말린 재료들은 잘 붙어 있게 된다. 크고 작은 호박을 비교할 때, 그것을 열어 보고 안쪽과 씨앗 또한 비교해 본다. 이전의 '호박씨 모으기'(수업 5)와 '호박 모종 관찰하기'(수업 7)를 상기해 본다.

🐌 발달 과정

- 소근육 운동기술 훈련
- 촉각의 발달: 부드러움/딱딱함, 마름/젖음, 끈적임의 차이점 인식
- 선택하기 연습
- 크기, 모양, 색깔의 비교
- 한 개와 여러 개의 비교

🐌 자연 개념과 과정

- 호박은 각기 다른 크기로 자란다.
- 호박은 씨앗을 가지고 있다.
- 싱싱한 꽃과 잎사귀는 부드럽다.

• 싱싱한 꽃과 잎사귀는 물을 머금고 있다.

🐌 어휘

큰, 작은, 오렌지색, 씨앗, 꽃, 호박, 한 개, 여러 개, 젖음, 마름, 부서짐

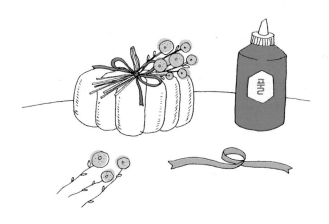

수선화 구근 심기

수선화 구근을 심어 보는 이 직접적인 경험은 튤립 심기 수업의 자연스러운 소개가 된다.

재료

수선화 구근, 5~8개의 수선화 구근을 담을 수 있는 크기의 물 빠짐 구멍이 없는 얕은 통, 자갈과 구슬 조각(구슬은 사용하던 것도 된다), 자갈을 담을 플라스틱 통(트레이나 대야 또한 가능하다), 숟가락, 물이 담긴 물뿌리개

준비

1. 플라스틱 통에 자갈을 채운다.
2. 자갈을 퍼서 담을 다양한 숟가락을 준비한다.
3. 물뿌리개에 물을 채운다.
4. 활동 공간을 준비한다.

🐌 작업 순서

1. 도입: 수선화 꽃은 달콤한 향이 난다. 그 향은 감각을 자극한다. 활동하기 전에 다수의 수선화 구근이 꽃이 피도록 촉성 재배한다. 꽃이 피기까지는 약 2~3주가 걸린다. 촉성 재배할 때, 깨끗한 플라스틱 통에 수선화 구근을 넣고 아이들이 뿌리, 잎, 꽃과 줄기를 관찰하도록 한다. 촉성 재배된 구근과 일반 구근을 비교하고, 꽃향기를 맡아 보고, 뿌리를 다루어 보도록 격려한다. 수선화 구근을 지지하기 위해 왜 바위가 필요한지 시범을 보인다.

2. 수선화 구근을 나눠 주고, 꼭대기와 바닥을 확인한다. 아이들의 몸을 예로 들어 위(머리)와 아래(발)를 설명한다.

3. 통의 2/3를 자갈로 채운다(순서대로 돌아가며 채우도록 한다).

4. 통 안에 구근을 넣는다(구근의 뾰족한 면이 위로 오도록 한다).

5. 구근 주위에 자락을 채우고, 윗부분은 드러나게 놓아둔다.

6. 물을 구근의 바닥을 덮을 만큼 더하고, 시원하고 햇살이 드는 곳에 놓는다.

7. 아이들의 물 주기를 살펴보고, 특히 뿌리와 싹이 자란 후에 더 자주 확인한다.

🐌 주안점

아이들은 집중 범위가 좁고 초점을 맞추기 어렵기 때문에, 이 그룹 활동은 그룹을 좀 더 작은 그룹으로 만들어야 할 수도 있다.

🐌 적용

아이들은 작은 돌이라 할지라도 퍼 올리는 데 어려움을 느낄 수 있다. 120ml 플라스틱 컵을 아이들이 성공적으로 들어 올릴 수 있는 양만큼 자갈로 채운다. 손을 받쳐 주는 것이 필요할 수 있다.

🐌 팁

아이들과 함께 수선화 구근의 성장을 매일 관찰한다. 만약 이것이 가능하지 않다면 매주 관찰해 본다. 변화는 극적이다. 수선화 구근 꾸러미를 집으로 가져가서 어른의 지도하에 심어 보도록 한다. 각 꾸러미에는 구근 한 개, 비닐 백에 담긴 자갈, 10cm 플라스틱 컵, 구근을 심기 위한 지침서가 포함된다.

🐌 발달 과정

- 촉각, 시각, 후각 훈련
- 소근육 운동기술 훈련
- 구근에서 자라나는 식물의 비교
- 단계적 과제 수행하기
- 수행기술 연습
- 꼭대기와 바닥, 위와 아래 확인하기
- 사회적 기술과 의사소통 기술 연습
- 무거운 것과 가벼운 것의 식별

- 수선화 구근은 뿌리와 잎과 꽃이 자라나는 큰 용기다.

- 자라나는 식물은 줄기, 뿌리, 잎과 꽃을 가진다.

- 구근과 식물은 자라나고 시간에 따라 변화한다.

🐌 **어휘**

수선화, 구근, 자갈, 꼭대기, 바닥, 뿌리, 잎, 꽃, 무거운, 가벼운

수선화 구근 심기

오늘 당신의 아이는 수선화 구근을 집으로 가져갔습니다. 그것은 실내에서 꽃을 피우도록 촉진되었습니다. 여기에 심는 방법을 설명합니다.

1. 동봉한 플라스틱 컵에 구근을 넣습니다.
2. 구근은 아래쪽으로 잡아 둘 수 있는데, 자갈을 구근 주위에 채웁니다.
3. 물을 컵 절반 정도까지 채웁니다.
4. 물의 높이를 매일 확인하고 이 단계에서 물을 보유하는 것이 필요할 때 물을 더 줍니다. 구근이 싹을 틔우고 뿌리가 자라면서 좀 더 많은 물을 흡수할 것입니다.
5. 당신의 새로 심은 구근을 햇살이 드는 창가에 놓아두고 약 3~4주 안에 꽃을 피웁니다.
6. 당신의 아이와 함께 구근이 자라나는 것을 지켜보며 즐기십시오. 꽃이 죽고 나면 구근과 통은 버리십시오.

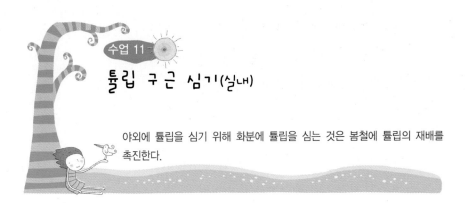

튤립 구근 심기(실내)

야외에 튤립을 심기 위해 화분에 튤립을 심는 것은 봄철에 튤립의 재배를 촉진한다.

재료

튤립 구근(아이들마다 5~6개), 튤립을 담아 둘 용기, 15cm 표준 화분, 흙, 대야 혹은 트레이, 이름표, 매직펜, 숟가락, 화분받침, 물이 담긴 물뿌리개, 한 다발의 신선한 튤립(가능하면 다양한 색으로)

준비

1. 튤립을 심기에 충분한 양의 흙을 각자의 대야에 채워 둔다.
2. 각 아이들에게 나눠 줄 5~6개의 구근을 용기에 담는다.
3. 튤립의 품종 명과 날짜를 이름표에 적는다.
4. 물뿌리개에 물을 채운다.

5. 구근을 심기 전에 얼마만큼의 흙을 채울지 표시한다. 화분 바닥으로부터 5cm 윗부분 안쪽에 매직펜으로 선을 그어 놓는다.

6. 활동 공간을 준비한다.

🐌 작업 순서

1. 튤립의 꽃과 줄기와 잎을 만져 보면서 수업을 소개한다. 아이들의 뺨에 꽃을 스쳐 보는 것은 촉각적인 자극이 될 수 있다.

2. 구근을 식별하고, 아이들이 그것을 다루어 보도록 한다. 아이들이 자신의 몸을 이용하여 구근의 위와 아래를 구별할 수 있도록 한다. 예를 들면, 꼭대기(머리)와 바닥(발)을 구별한다.

3. 구근 심기를 시범 보인다.

　① 화분에 약 5cm 높이까지 흙을 채우고 다른 빈 화분으로 눌러 준다.

　② 화분 안에 구근을 놓는다.

　③ 구근을 흙으로 덮어 주고, 공기주머니가 밖으로 나오도록 눌러 준다 (손을 사용할 수 있다).

　④ 화분에 물을 주고, 이름표를 꽂는다.

　⑤ 아이들에게 한 번에 하나의 재료를 나눠 주고, 한 번에 한 단계씩 진행한다.

　⑥ 다음 시간에 야외에 심기 위하여 화분에 심은 튤립을 모아 둔다.

🐌 주안점

몇몇 아이들은 뾰족한 부분의 위와 아래의 개념을 이해하지 못할 수도 있다.

트레이에 아이들이 심을 방향으로 구근을 올려놓고, 심는 방법을 서로 간에 공유한다.

🐌 적용

15cm 화분은 몇몇 아이들에게는 채우기 어려울 수 있다. 어떤 아이들에게는 일대일 도움이 필요하고, 또 어떤 아이들에게는 과제를 완성하는 데 손을 거들어 주는 것이 필요할 수 있다.

🐌 팁

선을 그려 놓는 것은 아이들이 화분에 정확하게 채울 수 있도록 도움을 준다. 신선한 튤립을 구하기 어렵다고 하더라도, 신선한 튤립 꽃은 구근과 꽃의 촉각적인 연결을 실제적으로 보여 주는 데 도움을 준다.

🐌 발달 과정

- 과제 수행 연습
- 운동기술 훈련
- 단계별 지시 사항 따라 하기
- 위/아래, 꼭대기/바닥의 개념 훈련
- 의사소통과 사회적 상호작용 기술 연습
- 색 구별하기 연습

- 튤립은 구근에서 자라난다.
- 튤립 구근은 꼭대기와 바닥이 있다.
- 구근은 위쪽이 위로 오도록 심어져야 한다.
- 튤립은 뿌리, 줄기, 잎과 꽃을 가지고 있다.
- 몇몇 꽃은 여러 가지 색을 가지고 있다.
- 몇몇 꽃은 향기가 난다.

🐌 **어휘**

튤립, 구근, 튤립의 색, 꼭대기, 바닥, 위쪽, 흙

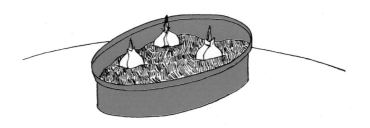

튤립 구근 심기(야외)

이 활동은 계절적이다. 튤립 꽃이 피기 위해서는 추운 날씨가 지속적으로 이어져야 한다. 튤립은 보통 가을에 야외에 심는다.

재료

지난 수업에 화분에 심은 튤립, 구멍을 파기 위한 모종삽이나 삽, 숟가락 또는 삽, 물이 담긴 물뿌리개, 신선한 튤립, 구근, 갈퀴

준비

1. 야외 정원에 식물을 심을 자리를 마련한다.
2. 화분을 넣어 둘 구멍을 필요한 만큼 판다(화분의 가장자리는 흙으로 덮여 있어야 한다).
3. 이름표가 있는 튤립 화분을 구멍 옆에 놓아둔다.
4. 삽이나 숟가락을 화분과 함께 놓는다.

5. 물뿌리개에 물을 채운다.

🐌 작업 순서

1. 도입: 정원에 식물을 심는 것은 아이들에게 '흙을 파는' 기회를 제공하고, 일 년 중 다른 때의 정원을 관찰하게 한다. 가을에는 잎사귀들이 다양한 색을 갖게 되고, 몇몇은 땅으로 떨어지게 된다.
2. 신선한 튤립, 구근과 이름표가 붙은 화분을 보면서 지난주를 회상한다.
3. 땅에 화분을 심고, 화분을 흙으로 덮는 심기 활동을 시범 보인다(이름표는 보여야 한다).
4. 물을 준다.
5. 아이들이 튤립을 심을 자리를 선택하고, 활동을 완성한다.

🐌 주안점

신체적인 장애를 가진 몇몇 아이들은 휠체어에 앉은 상태에서는 정원에 식물을 심을 수 없을 것이다. 따라서 이 활동은 높인 재배상이나 활동 공간에 담요를 놓아 아이들이 앉거나 누워서 심기 활동을 할 수 있도록 한다.

🐌 적용

대부분의 아이들은 과제를 완성하기 위하여 일대일 도움이 필요할 것이다.

🐌 팁

아이들이 정원을 탐색하도록 격려한다. 아이들이 정원의 다른 식물에 물을

주는 것을 격려한다. 물을 주는 간편한 도구나 여분의 물뿌리개를 이용한다.
아이들이 잎사귀를 모으는 데 도움을 줄 수 있는 편리한 갈퀴를 준비한다.

발달 과정

- 소근육 및 대근육 운동기술 훈련
- 시각적 구별 기술 훈련
- 의사소통과 사회적 상호작용 기술 연습
- 땅과 흙 탐색하기

자연 개념과 과정

- 식물은 흙에서 자란다.
- 식물은 자라나는 데 물이 필요하다.
- 정원은 계절마다 변화한다.

• 온도는 계절마다 변화한다.

• 가을에는 잎사귀가 색을 바꾸고, 땅으로 떨어진다.

 어휘

튤립, 구근, 흙, 색, 땅, 화분, 이름표, 잎, 가을

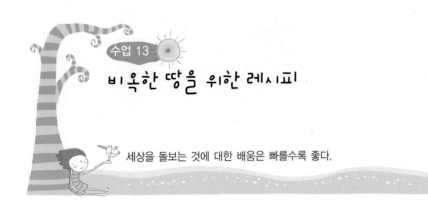

비옥한 땅을 위한 레시피

세상을 돌보는 것에 대한 배움은 빠를수록 좋다.

재료

갈색 낙엽(마른 것), 신선한 녹색 풀 조각, 숟가락, 뚜껑이 있는 플라스틱 통(적어도 신발 상자만한 것), 통에 구멍을 낼 수 있는 송곳 또는 따개, 물을 담을 작은 스프레이 통, 매직펜, 무거운 합판, 정원의 흙이 담긴 대야, 테이프 혹은 보호테이프

준비

1. 비어 있는 플라스틱 통의 옆, 위, 바닥을 뚫는다.
2. 마른 갈색 잎사귀를 모아 대야에 놓는다(가능하다면 아이들이 모아 온 잎사귀).
3. 녹색 풀 조각을 모아 대야에 놓아둔다.

4. 작은 스프레이 통에 물을 채운다.

5. 퇴비 표시를 만든다.

6. 작업 공간을 준비한다.

 작업 순서

1. 도입: 아이들은 종종 가족 식사 준비에 참여하곤 한다. 이런 경험을 살려 본다. 큰 볼에 빵을 만드는 데 쓰는 재료들(예: 밀가루, 우유, 소금, 물, 설탕)을 섞는 것을 이번 비료 만들기 수업에 소개한다. 아이들은 각기 다른 재료들을 더할 수 있다(대부분의 아이들은 달걀을 넣고 싶어 할 것이다. 공급을 충분히 할 수 있도록 준비한다). 아이들이 차례로 재료를 넣고 섞도록 한다. 비옥한 흙 만들기도 같은 방법으로 한다. 수업을 계속하기 전에 빵 만들기 재료의 볼을 비운다(비료는 넣지 않는다).

2. 비료기가 많은 정원의 흙이 담긴 대야를 나눠 주고, 아이들이 그것을 어떻게 느끼는지 표현해 본다.

3. 흙은 잎사귀와 식물, 풀, 야채, 껍질, 오렌지 껍질, 양파 등으로 만들어진 다는 것을 설명한다.

4. 아이들과 함께 비료 통를 만들어 본다.

   ① 아이들이 통을 조사하고, 거기에 구멍이 있다는 것을 알게 한다. 안쪽에 종잇조각을 넣고, 종이가 어떻게 움직이는지 적어 본다.

   ② 갈색의 마른 잎들을 아이들에게 나눠 주고, 그것을 손으로 부서 보도록 한다.

   ③ 부신 잎사귀들로 통에 한 층을 쌓는다.

④ 녹색 풀 조각을 아이들에게 나눠 주고, 그 안에 무엇이 있는지 이야기 하도록 하고, 갈색 잎 위에 흩뿌려 덮는다.

⑤ 잎을 이용하여 계속 층을 쌓고(약 5~8cm), 그 위에 녹색 풀 조각으로 얇게 층을 쌓는다(약 5cm).

⑥ 아이들이 층 쌓기를 마치면 스프레이로 약간의 물을 비료 통에 뿌려 주고, 차례대로 스프레이 통을 돌려쓴다.

⑦ 윗면을 닫고, 아이들과 함께 그것을 아래로 눌러 준다.

⑧ 퇴비 표시의 이름표를 붙인다.

⑨ 한 달에 두 번씩 아이들과 함께 내용물을 조사하고, 같은 크기의 다른 통에 부은 뒤에 섞어 준다. 습기를 확인하고 필요하다면 물을 뿌린다.

⑩ 식물 심기에 사용할 비옥한 흙을 모아 둔다.

🐌 주안점

아이들은 통이 채워지는 것을 기다리기 힘들어할 수 있다. 아이들이 적절한 시간 안에 채울 수 있도록 통을 골라 본다.

🐌 적용

통 안에 녹색 풀 조각을 국자로 퍼 담을 수 있다. 만약 그것이 어렵다면, 아이들에게 4oz 컵에 녹색 풀 조각을 담아 주고 통 안에 뿌리도록 한다.

🐌 팁

비료 만들기는 해동이 되면서 정원을 청소하게 되는 봄철이나, 동면을 준비하는 가을에 적합한 활동이다. 퇴비가 만들어지는 과정은 계속되는 활동이 될 수 있다. 만일 정원에 지렁이가 있어서 비료의 위층에 그것들을 놓아두면, 아이들이 지렁이에 대해 조사할 수 있다. 동물의 예를 들어 흙 속에는 지렁이 등이 살고, 그것들이 비옥한 땅이 되도록 돕는다는 것을 설명한다(만약 '도입' 부분을 따라 했다면, 빵 재료로 사용한 달걀의 껍질을 부수어서 비료에 섞어 사용할 수 있다).

발달 과정
- 촉각과 후각의 훈련
- 소근육 운동기술 연습
- 서열화 기술 강화
- 사회적 기술 연습
- 의사소통 기술 발달

자연 개념과 발달
- 녹색식물과 갈색 잎은 흙을 만든다.
- 흙은 요리의 레시피처럼 만들어진다.
- 지렁이는 비옥한 땅에 산다.
- 풀과 잎은 서로 다른 냄새가 난다.
- 자연은 자신이 사용한 재료를 재활용한다.

어휘
흙, 공기, 잎, 풀, 벌레, 땅, 레시피, 층, 비료, 재활용

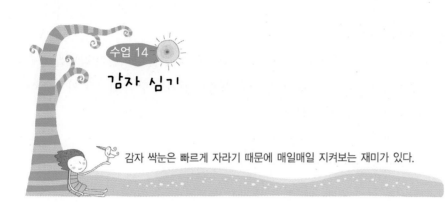

수업 14

감자 심기

감자 싹눈은 빠르게 자라기 때문에 매일매일 지켜보는 재미가 있다.

🐌 재료

싹이 난 감자, 흙, 화분, 대야 혹은 트레이, 칼, 숟가락, 물이 담긴 물뿌리개,
다양한 종류의 감자(예: 빨간 감자, 구이용 감자, 고구마)

🐌 준비

1. 2cm가량의 흙을 대야나 트레이에 채운다.
2. 화분에 아이들의 이름을 적는다.
3. 활동 공간을 준비한다.

🐌 작업 순서

1. 도입: 흙이 담긴 화분 안에 각자의 감자를 넣는다. 아이들이 감자를 심을 수 있도록 '흙 파기'를 한다. 다른 품종의 감자가 담긴 화분을 가지고 아이들이 유사점과 차이점을 비교하게 한다.

2. 감자의 겉모양에 대하여 이야기한다.

3. 감자의 싹눈을 구별하고, 우리의 눈과 감자의 눈이 다른 점을 토의한다. 안경을 감자 위에 올려놓고, 감자가 안경을 쓸 수 있는지 물어본다. 그룹 원 중에 누가 안경을 썼는가? 사람들은 안경을 쓰면 더 잘 보이지만 감자는 그렇지 않다. 그들의 눈은 무엇을 위한 것일까?

4. 감자를 모으고, 심기 활동을 시범 보인다.
    ① 감자를 조각으로 잘랐을 때, 각 조각에 싹눈이 있도록 해야 한다.
    ② 화분의 1/3을 흙으로 채우고, 화분 안에 감자 조각을 넣는다(평편한 면이 흙에 닿도록 한다).

③ 흙으로 감자 위를 덮어 주고, 잘려진 부분의 주위를 눌러 주면서 감자
　　를 흙으로 덮는다.
④ 감자를 심은 화분은 화분받침 위에 놓고, 물을 준다.
⑤ 아이들에게 한 번에 하나의 재료를 나눠 주고, 한 번에 한 단계씩 진행
　　한다.

🐌　주안점

　만약 이 활동을 커리큘럼 안에서 여러 주에 사용한다면, 아이들은 식재(흙)
를 익숙하게 다룰 수 있을 것이다. 만약 과정 중에 이 수업을 너무 일찍 한다
면, 몇몇 아이들은 흙을 전혀 다루고 싶어 하지 않을 수 있다.

🐌　적용

　신체적으로 이 활동을 완수할 수 없는 아이들에게는 일대일 도움이 필요할
수 있다.

🐌　팁

　수업 이전에 감자를 길러 놓으면 아이들은 식물의 부위를 구별할 수 있다.
감자로 요리한 음식을 아이들과 맛본다. 이것은 활동의 결론이 될 수 있다.

🐌　발달 과정

• 단계적 지시 사항 따라 하기
• 다른 사람에 대한 인식 강화

- 후각, 촉각, 시각, 미각 훈련
- 사람의 눈과 감자의 눈 비교하기
- 의사소통과 사회적 상호작용 기술 연습

🐌 자연 개념과 과정

- 감자는 자라날 수 있는 눈을 갖고 있다.
- 감자는 다른 구근류처럼 식물이 되기 위한 양식과 물을 저장해 놓은 비대해진 뿌리다.

🐌 어휘

감자, 싹눈, 흙, 물, 안경

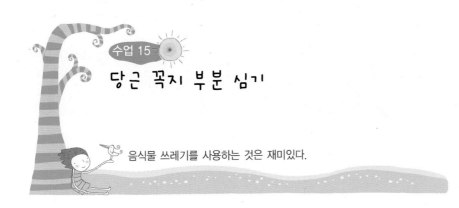

수업 15

당근 꼭지 부분 심기

음식물 쓰레기를 사용하는 것은 재미있다.

🐌 **재료**

잎사귀가 있는 신선한 당근, 당근 씨앗 패키지, 흙, 10cm 화분, 물이 담긴 물뿌리개, 숟가락, 이름표, 매직펜, 가위, 당근을 자를 칼, 대야 혹은 트레이, 아이들이 사용할 플라스틱 칼

🐌 **준비(아이들마다 개별 준비)**

1. 매직펜으로 아이들의 이름을 이름표에 적는다.
2. 약 2cm의 흙을 대야 혹은 트레이에 담는다.
3. 잎사귀가 달린 당근의 윗부분을 약 3cm 잘라 낸다.
4. 잎사귀를 약 10cm로 손질한다. 각 아이들에게 줄 당근을 한 개씩 남겨

둔다.

5. 각 아이들마다 3개의 당근을 준비해 준다. 이 활동은 학급의 그룹 프로젝트로서 한 아이당 한 개의 당근으로도 수행할 수 있다.

6. 화분의 가장자리로부터 약 5cm 아랫부분 안쪽에 매직펜으로 선을 그어 둔다.

7. 활동 공간을 준비한다.

🐌 작업 순서

1. 도입: 이 활동은 '수업 13'과 연계된다. 당근의 위쪽 녹색 부분을 잘라서 작게 자른다. 비료 통에 그것을 더하고, 순서대로 돌려 준다. 아이들이 처음 퇴비를 만들었을 때부터 퇴비의 변화를 기록하도록 한다.

2. 당근에 대하여 이야기한다(색, 모양, 맛 등) 당근은 씨앗으로부터 자랄 수 있지만, 만약 당근이 자라던 부분이 조금이라도 남아 있어 당근의 윗부분이 살아 있다면 자라날 것이라는 것을 설명한다.

3. 씨앗 봉투를 열어 씨앗을 조사한다.

4. 식물이 자랄 수 있는 각 부위를 식별할 수 있게 당근의 윗부분을 심는 것도 재미있는 일이다.

5. 활동을 시범 보인다.

　① 잎사귀가 달린 당근의 윗부분의 약 3cm를 자른다.

　② 잎사귀를 약 10cm로 손질한다.

　③ 화분을 흙으로 채우고, 빈 화분으로 흙의 윗부분을 화분 가장자리로부터 약 5cm까지 눌러 준다.

④ 화분 안에 준비된 3개의 당근 꼭지 부분을 넣고 그 위에 흙을 덮어
　　준다.

⑤ 물을 준다.

⑥ 이름표에 이름을 적는다.

6. 아이들에게 한 번에 하나의 재료를 전달하고, 한 번에 한 단계씩 진행한다.

7. 활동을 끝냈을 때 아이들과 함께 당근을 맛본다.

🐌 적용

당근 꼭지는 물에서도 자란다. 작은 조약돌을 통에 넣어 당근 꼭지를 고정시
켜 준다.

🐌 팁

활동하기 약 3주 전에 당근 꼭지를 몇 개 심어 두어 아이들이 완성된 작품
을 볼 수 있게 한다. 이 활동은 아이들에게 익숙한 무언가를 가지고 활동하는
기회를 제공한다. 만약 야외 정원에 접근할 수 있다면 그곳에서 직접 당근 씨
앗을 심어 본다. 패키지의 지침을 따라 한다. 만약 가을에 정원에 튤립을 심었
다면, 아이들이 당근 씨앗을 심을 때 튤립이 성장하는 것을 관찰할 수 있다.

🐌 발달 과정

• 미각, 촉각, 후각 자극하기

• 소근육 운동기술 연습

• 자르기 활동을 위한 근력 발달시키기

- 색, 모양과 식물의 부위 식별
- 사회적 기술 연습

🐌 자연 개념과 과정
- 당근은 주황색이다.
- 당근은 씨앗으로부터 자란다.
- 당근 윗부분은 심을 수 있으며, 뿌리로 자라난다.
- 당근은 뿌리와 잎이 있다.
- 잎사귀들은 모양새와 냄새가 각기 다르다.
- 우리가 먹는 당근은 땅속에서 자란다.
- 정원에서 버려진 녹색의 폐기물들은 퇴비로 사용하기에 좋다.

🐌 어휘
당근, 주황색, 비료

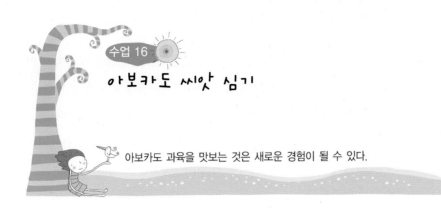

수업 16

아보카도 씨앗 심기

아보카도 과육을 맛보는 것은 새로운 경험이 될 수 있다.

재료

아보카도 씨, 과일(씻어 놓은 것), 10cm 화분, 흙, 대야 혹은 트레이, 숟가락, 이름표, 매직펜, 칼, 깨끗한 비닐 랩

준비(아이들마다 개별 준비)

1. 과일(아보카도)에서 꺼내어 씻은 심기용 씨앗을 준비한다.

2. 대야 혹은 트레이에 약 2cm의 흙을 채운다.

3. 이름표에 매직펜으로 이름을 적는다.

4. 화분의 안쪽 절반 부분에 선을 긋는다.

🐌 작업 순서

1. 도입: 아보카도는 여러 문화권에서 즐겨 먹는 과일로 다양한 레시피가 있다. 아보카도로부터 열매를 모아 놓고 아이들을 위해 스낵을 준비한다. 당신이 좋아하는 아보카도 소스를 만들기 위한 간단한 레시피를 따라 수행하면서 아이들이 재료를 순서대로 넣고 섞어 보도록 한다. 이것은 씨앗으로부터 아보카도 식물이 번식하는 수업의 '맛있는' 도입 부분이다.

2. 아보카도를 식별한다.

3. 아보카도를 얇게 잘라 내어 전달한다.

4. 아이들과 함께 아보카도의 맛을 보고, 느낌을 느껴 본다.

5. 이것이 씨앗이라는 것을 교육한다.

6. 흙에 닿을 부분으로서 씨앗의 좀 더 넓은 부분(아랫부분)을 식별한다.

7. 심는 방법을 시범 보인다.

   ① 화분의 절반가량을 흙으로 채우고 화분 안쪽에 그려진 선까지 흙을 단단히 눌러 준다.

   ② 씨앗의 크고 평편한 부분이 흙에 닿도록 놓는다.

   ③ 씨앗 주변을 흙으로 채우고 눌러 준 뒤, 윗부분의 1/3가량이 밖으로 노출되도록 한다.

   ④ 화분에 물을 준다.

   ⑤ 화분의 한쪽에 이름표를 꽂고, 씨앗이 손상되지 않도록 주의한다.

   ⑥ 깨끗한 비닐 랩으로 화분을 덮어 준다.

8. 한 번에 한 가지 재료를 아이들에게 전달하고, 한 번에 한 단계씩 진행하

여 활동을 완성한다.

몇몇 아이들은 아보카도 과육의 질감(기름진)을 좋아하지 않을 수 있다. 대신에 아이들이 껍질 부분을 느껴 보도록 격려한다. 또한 화분 안에 넣을 때 씨앗의 아랫부분이 바닥에 놓여야 한다는 것을 명심한다.

🐌 **원예 요구 사항**

아보카도는 실내에서 길러서 열매를 얻을 수 있는 식물이다. 아보카도는 매우 크고 넓게 자라며, 많은 양의 빛을 필요로 한다. 물은 적어도 일주일에 한 번, 만약 방이 매우 덥고 건조하거나 해가 비칠 경우는 좀 더 자주 준다. 만약 아보카도가 잘 자란다면 6개월마다 좀 더 큰 화분으로 옮겨 심어 주어야 한다.

🐌 **팁**

큰 플로리다 아보카도는 중간 녹색과 윤기 나는 껍질을 가졌을 때 쉽게 발아한다. 숙성된 아보카도를 사용한다. 각각의 아이들은 잘 숙성된 아보카도에서 씨앗을 수확하고, 심기 위한 준비로 씨앗을 씻어 둔다. 아보카도 씨앗과 그보다 좀 더 작은 씨앗들을 비교한다.

🐌 **발달 과정**
- 레시피대로 순서대로 수행하기
- 사회적 기술 강화

- 후각, 미각, 촉각의 자극

🐌 자연 개념과 과정
- 어떤 씨앗은 매우 크다.
- 과일은 부드럽고 먹을 수 있는 반면에 씨앗은 단단하다.
- 식물은 큰 씨앗뿐만 아니라, 작은 씨앗에서도 번식이 가능하다.

🐌 어휘
아보카도, 씨앗, 녹색, 큰, 커다란, 작은, 단단한, 부드러운

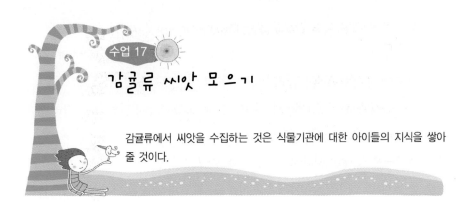

감귤류 씨앗 모으기

감귤류에서 씨앗을 수집하는 것은 식물기관에 대한 아이들의 지식을 쌓아 줄 것이다.

재료

오렌지, 자몽, 씨앗이 있는 레몬, 톱니 칼, 종이 접시, 종이 타월, 씨앗을 담기 위한 플라스틱 용기, 과즙을 짜기 위한 통이 있는 플라스틱 주서기

준비

1. 감귤류 과일을 씻어 말린다.
2. 활동을 위한 공간을 준비한다.

작업 순서

1. 도입: 감귤류 과일은 거의 모든 아이들의 규정식 중 하나다. 이번 수업에

서는 이에 대한 지식을 쌓도록 할 것이다.

2. 감귤류 과일의 색깔 등을 확인한 후에 자르지 않은 과일을 한 번에 한 개
   씩 각각의 아이들에게 굴려 전달한다.

3. 아이들에게 감귤류 각각의 차이점을 비교하면서 전달하도록 격려한다
   (큰/작은, 많은/적은 등).

4. 선생님에게 과일을 다시 넘겨주도록 한다.

5. 한 번에 한 개씩 감귤류 과일을 자르고, 과일의 안쪽을 관찰한다. 또 씨앗
   을 확인한다.

6. 과일을 짜 보고, 과일은 과즙을 가지고 있다는 것을 유념한다.

7. 만약 가능하다면, 통 위에 핸드 주서기를 설치한다. 아이들이 과즙을 짤
   수 있도록 도와준다.

8. 각 아이들에게 자른 과일을 주고, 수집한 씨앗을 나중에 심기 위해 모아
   두도록 한다.

9. 씨앗을 수집한 후에 과일 맛을 보도록 한다(아이들에게 먹기 좋게 잘라진 과
   일을 제공할 수 있도록 미리 준비한다).

대부분의 아이들은 과일에 익숙하고 그 맛을 예측할 수 있다. 하지만 어떤 아이들은 감귤류 과일을 먹지 못할 수 있다는 것을 유념한다.

🐌 **팁**

가능하다면 플로리아산 '폰데로사' 종 레몬을 산다(1월 하순경에 가능함). 그것은 크기가 크기 때문이 작은 레몬들과 비교할 수 있다. 레몬의 신맛은 꽤 자극적이다. 감귤 주스가 들어 있던 빈 곽을 준비하고, 아이들이 각각의 감귤류와 빈 곽을 짝지어 보도록 격려한다.

🐌 **발달 과정**
- 운동기술 훈련
- 후각, 촉각, 시각, 미각의 감각 훈련
- 크기와 색깔 비교하기
- 의사소통 기술 연습(이름)
- 사회적 기술 강화하기(나누기, 재인식)

🐌 **자연 개념과 과정**
- 우리는 과일을 먹는다.
- 과일은 씨앗과 과즙을 가지고 있다.
- 과일은 각기 다르다(크기, 색, 맛 등)

- 레몬은 시다.
- 감귤류 과일은 신맛이 나거나 단맛이 난다.

어휘

오렌지, 자몽, 레몬, 씨앗, 색깔, 과즙, 신맛, 달콤한, 꽉 쥐기

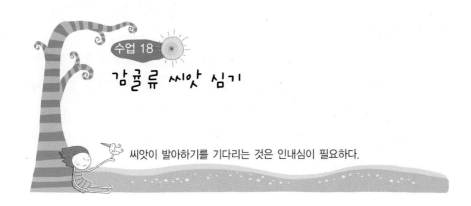

감귤류 씨앗 심기

씨앗이 발아하기를 기다리는 것은 인내심이 필요하다.

재료

지난번 수업에서 모아 놓은 씨앗, 흙, (바닥이) 넓은 대야 혹은 트레이, 숟가락, 10cm 화분, 물을 담은 물뿌리개, 매직펜, 깨끗한 비닐 랩

준비

1. (바닥이) 넓은 대야나 트레이에 2cm가량의 흙을 채운다.

2. 화분에 각각 아이들의 이름을 적는다.

3. 물뿌리개에 물을 채운다.

4. 화분 안쪽의 가장자리로부터 약 4cm 지점에 흙을 담을 위치를 표시한다.

5. 활동 공간을 준비한다.

🐌 작업 순서

1. 도입: 이번 과정(만약 순서대로 진행했다면)은 아이들에게 수확한 씨앗을 심는 두 번째 시간이 될 것이다('수업 6' 참조). 감귤류 씨앗은 호박씨보다 발아하는 데 좀 더 긴 시간이 필요하다. 이번 수업의 효과를 최대화하기 위해서는 약 8주 전에 씨앗을 심어 둔다. 번식시킨 묘목을 가지고, 뿌리, 줄기, 잎에 대해 조사한다.

2. 과일을 잘라 씨앗을 찾은 뒤에 수집했던 활동을 회상한다.

3. 씨앗 심기 시범을 보인다.

   ① 화분 안쪽에 그려 놓은 선까지 흙을 채우고, 다른 빈 화분을 그 위에 놓고 흙을 다진다.

   ② 다져진 흙 위에 씨앗을 놓고 흙을 위에 덮는다.

   ③ 화분에 물을 준다.

   ④ 수분기가 유지될 수 있도록 화분의 윗부분을 깨끗한 비닐 랩으로 덮는다.

4. 아이들에게 심을 재료들을 나누어 주고, 한 번에 한 단계씩 심는 단계를 따라가도록 한다.

5. 화분을 빛수레 아래나 햇볕이 잘 드는 창틀에 놓고 매주 관찰한다.

🐌 주안점

만약 이번 수업에서 과일의 맛을 보는 활동을 하려 한다면, 몇몇 아이들은 감귤류 과일을 먹지 못할 수 있음을 기억해야 한다.

🐌 적용

만약 아이들이 씨앗을 집는 것을 어려워한다면, 그것을 플라스틱 튜브(식물 줄기를 물에 담아 두는 작은 통)에 넣도록 한다. 아이들은 튜브를 잡고 씨앗을 뿌리는 것이 좀 더 쉬울 것이다.

🐌 팁

감귤류의 싹이 나는 데는 약 5~6주의 시간이 걸린다. 바닥의 따스한 열기는 발아를 촉진한다. 호박씨와 감귤류 씨앗을 비교해 본다. 같은 시기에 호박씨와 감귤류 씨앗을 심고, 그것들의 발아 시간을 비교해 본다.

🐌 발달 과정

- 회상하기 연습
- 소근육 운동기술 훈련
- 단계별 과제 따라 하기
- 단계의 배열화 연습

🐌 자연 개념과 과정

- 씨앗은 흙에서 자란다.
- 씨앗은 과일에서 수집할 수 있다.
- 씨앗은 스스로를 보호하기 위해 단단하다.
- 씨앗은 뿌리, 줄기, 잎사귀를 가진 전체적인 새로운 식물로 자라난다.

🐌 어휘

씨앗, 레몬, 자몽, 오렌지, 색깔, 흙, 단단한

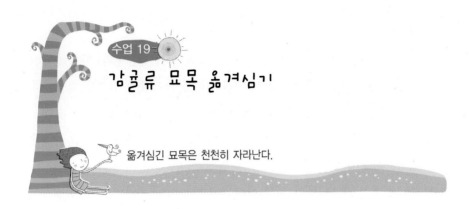

감귤류 묘목 옮겨심기

옮겨심긴 묘목은 천천히 자라난다.

재료

자라난 감귤류 묘목, 흙, 숟가락, (바닥이) 넓은 대야 혹은 트레이, 10cm 화분, 젓가락, 화분받침, 물이 담긴 물뿌리개

준비

1. (바닥이) 넓은 대야 혹은 트레이에 2cm가량의 흙을 채운다.

2. 아이들 각각의 이름을 이름표에 적는다.

3. 물뿌리개에 물을 채운다.

4. 활동 공간을 준비한다.

🐌 작업 순서

1. 도입: 이것은 아이들이 처음으로 하는 묘목 심기 활동이다. 아이들이 묘목을 어떻게 다루어야 하는지에 대한 이해를 돕기 위해 달걀을 제공한다. 삶은 달걀은 물론, 날달걀도 사용할 수 있다. 아이들이 다른 아이에게 그것을 손으로 전달하면서 어떤 일이 일어나는지 적어 본다. 이것은 묘목을 다루는 것과 같다. 조심스럽고 부드럽게 만지도록 일러 준다.

2. 감귤류를 잘라 그 안의 씨를 아이들에게 보이며 지나번 수업을 회상해 본다.

3. 감귤류의 줄기, 잎, 뿌리를 확인한다.

4. 씨앗과 비교한다.

5. 묘목을 어떻게 옮겨 심는지 시범을 보인다.

　① 10cm 화분에 흙을 담고, 같은 크기의 빈 화분을 이용하여 선까지 흙을 다진다.

　② 화분의 중앙에 젓가락으로 큰 구멍을 만든다.

　③ 반드시 뿌리가 흙 안에 들어가 있는지 확인하면서 묘목을 심는다.

　④ 묘목이 담긴 화분 밑에 화분받침을 놓고, 물을 준다.

　⑤ 아이들에게 한 번에 한 개씩 재료를 전달하도록 하고, 한 번에 한 단계씩 진행한다.

　⑥ 묘목을 빛수레 아래나 햇빛이 드는 창가에 놓는다.

🐌 주안점

아이들은 묘목을 관찰할 때 식물의 부분들을 잡아당길 수도 있다. 따라서 여분의 묘목을 준비하여 활동을 진행하도록 한다.

🐌 적용

만약 감귤류 묘목을 기르기가 쉽지 않다면, 가을에 받아 두었던 씨앗에서 자라난 호박 모종을 이용하여 옮겨심기 수업을 실시할 수도 있다.

🐌 팁

바닥의 따스한 열은 묘목의 발아를 돕는다. 감귤류 씨앗은 새싹이 나는 데 오랜 시간이 걸리기 때문에 이 활동을 하기 약 2개월 전에 씨앗을 묘판에 심어 놓는다. 각 구멍마다 아이들이 옮겨 심을 묘목을 담고 있을 것이다.

🐌 발달 과정

- 소근육 운동기술 훈련
- 조심스럽고 부드럽게 만져 보는 연습
- 다른 사람에 대한 이해 강화
- 사회적 기술과 의사소통 기술 연습
- 다른 사람의 이름 인식하기 강화
- 배열하기 강화

🐌 자연 개념과 과정

- 식물은 씨앗에서 자라난다.
- 어떤 씨앗은 다른 씨앗보다 빨리 자란다.

- 식물은 조심스럽게 다루어져야 한다.
- 우리는 식물 혹은 씨앗이 자라나고 변화하기 때문에 그것이 살아 있다는 것을 안다.
- 식물은 뿌리, 줄기, 잎을 가지고 있다.

어휘
씨앗, 묘목, 뿌리, 줄기, 잎, 흙, 조심스러운, 부드러운, 만지다

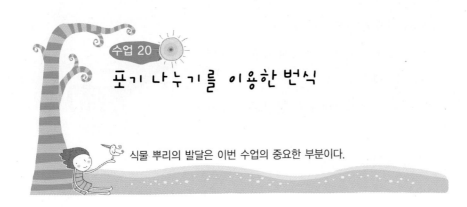

포기 나누기를 이용한 번식

식물 뿌리의 발달은 이번 수업의 중요한 부분이다.

재료

가시나무, (바닥이) 넓은 대야 혹은 트레이, 숟가락, 약 10~13cm의 표준 화분, 물이 담긴 물뿌리개, 화분받침, 이름표, 매직펜, 흙

준비

1. 15cm 화분에 심긴 가시나무를 산다.

2. (바닥이) 넓은 대야 혹은 트레이에 2~3cm가량의 흙을 담는다(포기 나누기를 하려는 식물의 크기에 맞추어 준비한다).

3. 포기 나누기를 위한 적당한 크기의 화분을 고른다. 약 10~13cm의 표준 화분이 적절하다.

4. 물뿌리개에 물을 채운다.

5. 이름표에 아이들의 이름과 식물의 이름을 적는다.

6. 화분에 1cm가량의 흙이 담길 수 있도록 안쪽에 선을 그린다.

7. 활동 공간을 준비한다.

🐌 작업 순서

1. 도입: 만약 공간이 허락된다면, 끈이나 분필로 그려 놓은 원 안으로 아이들이 가깝게 서도록 한다. 아이들이 화분 속에 심어져 있는 것처럼 가정한다. 서로 가깝게 서 있을 때 얼마나 복잡한지 설명해 준다. 마치 아이들이 식물이 심어진 것처럼 서로 손을 부드럽게 쥐어 보고, 다시 손을 풀어 헐거워진 느낌은 또 어떤지 느껴 보도록 한다. 한 번에 한 명씩 아이들을 활동 공간으로 나오도록 한다. 이 경험을 포기 나누기 하는 것과 비교해 본다.

2. 아이들에게 가시나무가 담긴 용기를 전달하고, 용기에서 식물을 꺼낼 수 있도록 한다.

3. 화분에서 가시나무를 꺼낸다.

4. 식물의 부위, 특히 뿌리 부분을 확인하고 살펴본다.

5. 포기 나누기를 시키되, 뿌리가 제대로 붙어 있는 나무를 아이들마다 한 개씩 가지도록 한다.

6. 아이들과 함께 식물 심기를 진행한다.

① 화분의 눈금선까지 흙을 채우고, 빈 화분으로 흙을 다진다.

② 화분 안에 뿌리 부분을 넣고, 흙으로 채우고, 줄기 윗부분은 노출되도록 한다.

③ 식물 주위의 흙을 단단하게 고정한다.

④ 화분 밑에 화분받침을 놓아둔다.

⑤ 화분 바닥으로 물이 새어 나올 때까지 물을 준다.

⑥ 화분에 이름표를 붙인다.

주안점

아이들은 뿌리 부근에 흙을 다져 넣거나, 줄기 윗부분이 노출되도록 하는데 어려움을 느낄 수 있으므로 일대일 도움이 필요하다.

팁

이 활동은 식물의 부분, 특히 뿌리와 잎을 확인하기에 좋은 수업이다. 연중 어느 때라도 의미 있는 활동이 될 것이다. 식물에 따른 원예 필요 사항을 알고 있는 것은 중요하다. 가시나무는 직사광선보다는 낮은 채광에 놓아두는 것이 좋다. 식물이 마르지 않도록 주의한다.

발달 과정

• 차례 연습

• 운동기능으로서 꽉 쥐는 연습

• 식물의 부위별 구분

• 사회적 기술과 의사소통 기술의 강화

🐌 자연 개념과 과정
• 식물은 살아가는 데 물이 필요하다.
• 식물은 뿌리, 줄기, 잎이 있다.
• 식물은 포기를 나누거나 분리하여 번식할 수 있다.

🐌 어휘
가시나무, 상록수, 포기 나누기, 꽉 쥐기, 나누기 및 분리하기

수업 21

알로에(Aloe Vera) 번식하기

다 자란 식물은 약으로 사용하기도 한다.

🐌 재료

포기 나누기를 할 알로에, 흙, 모래, 젓가락, (바닥이) 넓은 대야 혹은 트레이, 숟가락, 물이 담긴 물뿌리개, 화분받침, 매직펜, 10cm 화분, 120ml 컵, 알로에가 함유된 제품

🐌 준비

1. (바닥이) 넓은 대야 혹은 트레이에 2cm가량의 흙을 채운다.
2. 120ml 컵의 1/2~3/4가량을 모래로 채운다.
3. (바닥이) 넓은 대야 안에 모래 컵을 놓는다.
4. 아이들 각각의 이름을 화분에 적는다.

5. 활동 공간을 마련한다.

🐌 작업 순서

1. 도입: 아이들은 식물이 우리에게 음식을 제공한다는 것을 배우기 시작한다. 번식을 위하여 알로에를 나누는 것은 몇몇 식물은 약품으로 사용한다는 것을 가르쳐 줄 수 있는 좋은 기회다. 알로에가 함유된 제품들, 예를 들면 선탠로션, 샴푸, 립밤, 립스틱 등을 준비한 뒤에 아이들이 이 제품들을 확인하게 한다. 알로에는 제품을 구성하는 재료 중의 하나임을 설명하고, 그것들이 어떻게 사용되는지 말해 본다. 아이들에게 알로에의 어느 부분을 제품으로 사용하는지 묻고, 이번 수업을 진행한다.

2. 알로에의 잎을 잘라 나눠 준 뒤에 아이들이 그것을 느끼고 향을 맡아 보도록 격려한다.

3. 아이들은 차례대로 화분을 꽉 쥐고 알로에를 빼낸다.

4. 식물의 부분을 확인한다(잎과 뿌리).

5. 알로에의 번식 방법을 시범 보인다.

　① 숟가락이나 손을 이용하여 흙에 모래를 붓고 섞는다.

　② 화분에 모래흙을 담고, 빈 화분으로 다진다.

　③ 화분의 중앙에 뿌리를 넣기에 충분한 크기의 구멍을 젓가락으로 만든다.

　④ 구멍에 알로에를 놓고, 뿌리 주변의 흙을 단단히게 다진다.

　⑤ 화분을 화분받침 위에 올려놓고, 물을 준다.

🐌 주안점

아이들은 번식활동의 순서를 예측하기 시작하고, 좀 더 독립적으로 활동하려 한다. 하지만 몇몇 아이들은 활동을 마무리하기 위해 일대일 도움이 필요할 것이다.

🐌 적용

이번 수업은 비교적 쉬운 활동으로, 개별적으로 특별한 도움이 필요한 아이들을 제외하고는 변형이 필요하지 않다.

🐌 팁

바나나 보트(아동용 화장품 회사)에서는 펌프 통에 담긴 알로에 베라 겔을 만들어 낸다. 이것은 알로에와 같은 녹색이고, 펌프는 아이들이 사용하기에 편리하다. 아이들이 번식활동을 마친 후에 손을 씻고 알로에 베라 겔을 손에 발라 본다.

🐌 발달 과정
- 단계별 지시 사항 따라 하기
- 운동기술 활용하기
- 차례 기다리기 연습
- 의사소통 기술 훈련
- 다른 사람의 이름 인식하기 강화

- 나누기와 사회적 기술의 강화

🐌 자연 개념과 과정

- 우리는 식물을 이용해 약을 비롯한 여러 제품을 만들 수 있다.
- 식물은 포기 나누기를 통해 번식할 수 있다.
- 어떤 식물은 모래와 흙을 섞어 놓은 곳에서 가장 잘 자란다.
- 몇몇 종류의 식물은 잎에 물을 저장하고 있다.

🐌 어휘

녹색, 알로에, 뿌리, 잎, 약

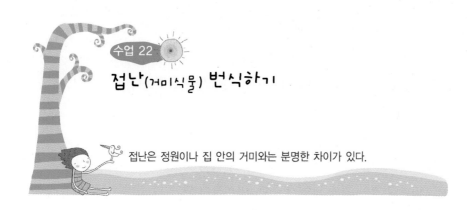

접난(거미식물) 번식하기

접난은 정원이나 집 안의 거미와는 분명한 차이가 있다.

🐌 재료

큰 접난(거미식물) 모주, (바닥이) 넓은 대야 혹은 트레이, 숟가락, 흙, 10cm 화분, 물이 담긴 물뿌리개, 화분받침, 이름표, 매직펜, 젓가락, 식물 지지대를 위한 코팅된 철사, 고무 거미

🐌 준비

1. 야생의 거미를 잡아 위쪽에 구멍이 있는 병에 넣는다.
2. 가능하다면 아이들이 볼 수 있도록 식물을 걸어 놓는다.
3. 각각의 대야에 1/4가량의 흙을 채운다.
4. 물뿌리개에 물을 채운다.

5. 식물의 이름과 아이들의 이름 및 날짜를 이름표에 적는다.

6. 시범을 보이기 위해 접난을 번식한다.

7. 철사를 약 13cm 길이로 잘라 'U' 자 모양으로 만든다.

🐌 작업 순서

1. 도입: 봄과 가을은 집이나 정원에서 거미를 찾아내기에 좋은 시기다. 거미들을 모아 병에 담아 놓는다. 아이들이 병 속의 거미를 살펴보도록 한다. 거미와 접난의 모양을 비교한다. 만약 살아 있는 거미를 이용할 수 없다면, 고무로 된 것을 사용한다. 거미의 다리와 식물의 뿌리를 번갈아 관찰한다(이 활동이 끝나면 거미들을 놓아 준다).

2. 접난(거미식물)과 진짜 거미 혹은 거미 모양의 장난감을 비교하여 이야기해 본다.

3. 모주의 긴 줄기 끝에 달린 새끼 묘를 잘라 내어 아이들이 뿌리와 잎을 살펴보게 한다.

4. 번식을 시범 보인다.

   ① 화분 안의 선까지 흙으로 채우고, 흙이 단단해지도록 눌러 준다.

   ② 아기 접난의 뿌리가 들어갈 만한 적당한 크기의 구멍을 만들어 뿌리를 위치시킨다.

   ③ 접난의 뿌리를 고정하기 위해 주변의 흙을 눌러 준다.

   ④ 접난 화분을 화분받침 위에 놓는다.

   ⑤ 화분에 물을 준다.

   ⑥ 화분에 이름표를 붙인다.

⑦ 필요한 경우, 'U' 자 모양으로 구부린 철사로 흙 속의 식물을 고정하고, 식물의 윗부분은 밖으로 나오게 한다(철사는 식물이 자리 잡기 시작하면 제거한다).

5. 아이들에게 한 번에 하나의 재료를 전달하고, 한 번에 한 단계씩 진행하도록 한다.

🐌 주안점

만약 식물을 고정시키기 위해 철사를 사용한다면 녹이 슬지 않도록 코팅된 것이어야 한다. 식물이 바로 자리 잡지 못하면, 먼저 철사로 뿌리의 자리를 잡은 후에 철사를 제거할 수 있다. 식물 심기를 수행하기 위하여 반드시 철사 지지대가 필요한 것은 아니다.

🐌 원예 요구 사항

접난은 쉽게 번식하지만, 햇빛이 너무 많거나 말라 있을 경우에는 잘 자라지 못할 수 있다. 접난은 높은 공중 습도와 밝은 간접광선이 드는 곳을 좋아한다. 물은 매주 준다.

🐌 팁

아이들이 모주에서 자신이 번식시킬 식물을 선택하게 한다. 만약 아이들이 관심을 갖고 활동에 집중할 수 있다면, 한 개 이상을 심어 보도록 한다.

🐌 발달 과정

- 소근육 운동기술 연습
- 모양과 형태와 색의 비교
- 지시에 따라 하기
- 의사소통 기술 연습

🐌 자연 개념과 과정

- 식물은 자라나기 위해 뿌리가 필요하다.
- 어떤 식물은 공기 중에서 자라기도 한다.

🐌 어휘

접난, 뿌리, 거미

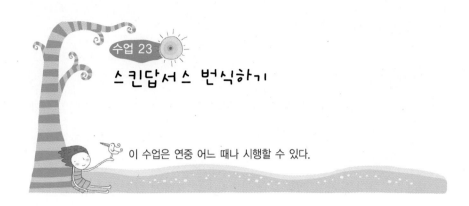

스킨답서스 번식하기

이 수업은 연중 어느 때나 시행할 수 있다.

🐌 재료

스킨답서스, (바닥이) 넓은 대야 혹은 트레이, 숟가락, 흙, 10cm 화분, 물이 담긴 물뿌리개, 화분받침, 이름표, 매직펜, 젓가락

🐌 준비

1. (바닥이) 넓은 대야나 트레이에 2cm가량의 흙을 채운다.
2. 모주에서 삽수를 잘라 내어 준비하는데, 나중에 뿌리가 나올 수 있도록 양쪽을 적어도 3cm가량 남겨 자른다.
3. 물뿌리개에 물을 담는다.
4. 아이들의 이름과 식물의 이름 및 날짜를 이름표에 적는다.

5. 시범을 보이기 위해 스킨답서스를 번식한다.

🐌 작업 순서

1. 도입: 만약 커리큘럼의 마지막에 이 활동을 한다면, 스킨답서스의 위아래를 거꾸로 심고, 무엇이 잘못되었는지 아이들이 이야기하게 한다. 아이들이 식물 심기의 바른 방법을 알도록 격려한다.

2. 하나의 마디로 자른 식물을 돌리면서 아이들에게 뿌리의 눈(싹)을 느껴보도록 한다.

3. 뿌리는 자라나기 위해 반드시 흙에 있어야 함을 설명한다.

4. 번식활동을 시범 보인다.

    ① 화분의 선까지 흙을 담고 흙이 단단해지도록 누른다.

    ② 젓가락으로 구멍을 파고, 구멍 안에 자른 식물을 넣고, 잎사귀의 윗부분이 보이도록 한다(마디는 흙 아래에 있어야 한다).

    ③ 화분이 찰 때까지 계속한다(약 5~7조각).

    ④ 각각 자른 식물 주변의 흙을 눌러 준다.

    ⑤ 화분받침 위에 화분을 놓는다.

    ⑥ 화분에 물을 준다.

    ⑦ 화분에 이름표를 붙인다.

5. 아이들에게 한 번에 하나의 재료를 전달하고, 한 번에 한 단계씩 진행한다.

🐌 주안점

몇몇 아이들은 젓가락으로 구멍을 만들고, 구멍 안에 줄기를 넣는 여러 단계의 과정을 어려워할 수 있다. 단단한 줄기는 흙 속에 바로 꽂을 수 있기 때문에 구멍 만들기 과정을 생략할 수도 있다. 일대일의 돌봄을 필요로 한다. 아이들의 안전을 위하여 활동 전에 스킨답서스를 잘라 놓고, 아이들에게는 가위를 주지 않는다.

🐌 적용

어떤 아이들은 흙 속에 스킨답서스 한 개의 조각을 넣을 만큼의 집중력을 갖게 될 것이다. 이것만으로도 성공적인 번식이다.

🐌 원예 요구 사항

스킨답서스는 낮은 광도의 식물로서 직사광선을 좋아하지 않는다는 것을 기억한다. 흙이 항상 촉촉하도록 유지하고, 물은 매주 준다.

🐌 팁

이번 수업을 하기까지 아이들은 기본적으로 하나의 줄기를 번식하고, 옮겨 심는 것을 익혔다. 이 활동은 아이들이 재료에 익숙해지고, 식물 심기에 친숙해진 후에 시행되어야 한다. 스킨답서스는 아이들이 사용하기 쉽도록 튼튼한 줄기로 성장한 것을 고른다.

🐌 발달 과정

- 과제 수행 연습
- 단계별 지시 사항 따라 하기

• 소근육 운동기술 강화

🐌 자연 개념과 과정

• 식물은 성장하기 위해 뿌리가 필요하다.

• 식물은 단 한 개의 잎사귀와 마디에서 자라나 번식할 수도 있다.

• 식물은 잎과 줄기와 뿌리가 있다.

• 마디는 식물이 자라나는 생장점이다.

• 뿌리는 줄기의 마디에서 자라난다.

🐌 어휘

스킨답서스, 마디, 아래, 뿌리, 자라다/번식하다, 하나의

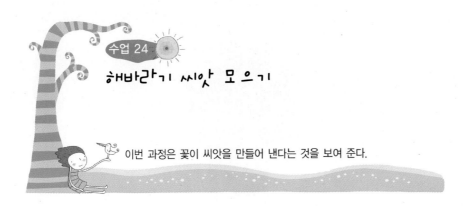

해바라기 씨앗 모으기

이번 과정은 꽃이 씨앗을 만들어 낸다는 것을 보여 준다.

재료

가을에 모아 놓은 마른 해바라기의 꽃 부분, 꽃집에서 구입한 싱싱한 해바라기, 씨앗을 담을 작은 플라스틱 통, 해바라기의 꽃 부분을 올려놓을 트레이, 해바라기를 꽂아 놓을 물이 담긴 화병, 껍질 벗겨 포장한 맛보기용 해바라기 씨앗

준비

1. 트레이에 마른 해바라기의 꽃 부분을 준비해 둔다.
2. 화병에 물을 담아 싱싱한 해바라기를 꽂아 놓는다.
3. 활동 공간을 준비한다.

🐌 **작업 순서**

1. 도입: 해바라기를 이용한 활동을 시작할 준비가 될 때까지, 겨울에 심어 놓은 감귤류 씨앗이 발아되었을 것이다. 아이들과 묘목을 관찰하고, 얼마나 느리게 자라는지 적어 보도록 한다. 새로 난 식물의 뿌리에 아직 씨가 붙어 있는 모종을 준비한다. 화분을 꽉 쥐어 감귤 식물을 꺼내고, 뿌리와 줄기, 잎과 씨앗을 확인한다. 해바라기가 감귤류보다 훨씬 빠르게 자라기 때문에, 매주 단위로 다른 모습을 보게 될 것이다.

2. 말려 놓은 해바라기 꽃을 꺼내어 관찰하고 씨앗을 수집한다.

3. 해바라기 생화와 건조화를 비교해 본다. 생화는 물기로 신선하게 유지되어야 하고, 녹색 잎과 줄기를 가지고 있으며, 아직 씨가 맺히지 않은 것을 사용해야 한다.

4. 말려 놓은 해바라기 꽃에서 심기 활동을 할 씨앗을 고른다.

5. 말린 씨앗의 껍질을 벗겨 내용물을 맛본다.

6. 가능하다면 상품으로 준비된 해바라기 씨앗을 맛본다.

7. 가능하다면 방 안을 장식하기 위해 화병에 해바라기를 꽂아 놓는다.

주안점

씨앗은 날카롭기도 하고, 어떤 아이들은 씨앗을 거둘 때 소근육 운동기술에 문제가 있을 수 있다. 그런 아이들을 위하여 말려 놓은 해바라기 꽃의 부분에 씨앗을 느슨하게 만들어 놓도록 한다.

팁

활동하기 전에 씨앗의 껍질을 벗겨 놓으면, 아이들이 좀 더 쉽게 관찰할 수 있다. 아이들이 각각 다른 크기의 건조 종자를 준비해 와서 서로 비교할 수 있도록 한다.

발달 과정

- 촉각과 소근육 운동기술의 자극
- 시각적 호기심의 자극
- 의사소통 기술 연습
- 정반대 탐색하기
- 크기 비교

🐌 자연 개념과 과정

- 식물을 각각 다른 부분으로 나눈다.
- 해바라기는 꽃 부분에 씨앗을 가지고 있다.
- 우리는 많은 종류의 씨앗을 먹을 수 있다.
- 식물마다 다른 각각의 씨앗이 있다.
- 말린 씨앗은 덜 마르거나 신선한 씨앗과는 다르다.

🐌 어휘

해바라기, 씨앗, 줄기, 잎, 뿌리, 큰, 작은, 젖은, 마른, 화병, 꽃잎

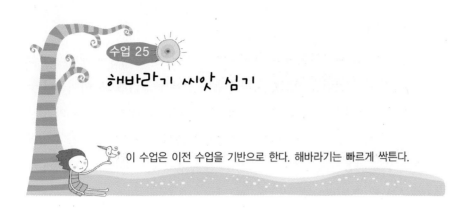

해바라기 씨앗 심기

이 수업은 이전 수업을 기반으로 한다. 해바라기는 빠르게 싹튼다.

재료

말려 놓은 해바라기 꽃, 지난 수업 시간에 수집한 해바라기 씨앗, 흙, (바닥이) 넓은 대야 혹은 트레이, 숟가락, 물이 담긴 물뿌리개, 화분받침, 이름표, 매직펜, 10cm 화분, 껍질 벗긴 맛보기용 씨앗

준비(아이들마다 개별 준비)

1. (바닥이) 넓은 대야 혹은 트레이의 1/4가량을 흙으로 채운다.
2. 화분의 가장자리로부터 1cm가량의 화분 안쪽에 선을 긋는다.
3. 아이들 각각의 이름과 해바라기의 이름을 이름표에 적는다.
4. 활동 공간을 준비한다.

🐌 작업 순서

1. 도입: 아이들은 반복을 통해 배울 것이다. 다시 한번 싱싱한 해바라기 꽃을 가져온다. 꽃잎을 아이들의 뺨과 손과 팔에 문질러 보고, 아이들이 꽃이름을 맞춰 보도록 한다. 만약 이름을 기억하지 못한다면, 하늘의 노란해와 해바라기를 비교하며 본다. 만약 싱싱한 해바라기를 첫 시간 수업의 도입부로 사용하지 못했다면, 해바라기 수업의 어떤 수업에서도 도입부로 사용할 수 있다.

2. 지난 수업에서 해바라기 꽃의 얼굴 부분을 관찰하면서 씨앗을 수집한 것을 회상한다.

3. 씨앗 심기를 시범 보인다.

   ① 화분에 흙을 채우고, 화분 안쪽의 선에 닿을 때까지 평편하게 눌러준다.

   ② 흙 위에 씨앗을 놓고, 흙을 3cm가량 덮는다.

   ③ 흙을 눌러 주고, 화분받침 위에 화분을 놓은 뒤에 물을 준다.

   ④ 화분에 이름표를 꽂는다.

4. 아이들에게 한 번에 하나의 재료를 전달하고, 한 번에 한 단계씩 활동을 완수하도록 한다.

🐌 주안점

아이들은 지난 수업의 활동을 기억하여 껍질이 있는 씨앗을 먹으려 할 것이다. 이 씨앗들은 심기 위한 것임을 상기시키고, 아이들이 활동을 끝냈을 때 껍질 벗긴 씨앗을 먹도록 한다.

🐌 팁

해바라기 품종 중에는 미니 해바라기도 많이 있다. 이것들은 많은 정원용품점에서 봄철에 구입할 수 있으며, 카탈로그를 통해 구입할 수도 있다. 어떤 씨앗을 심든지 간에 종자를 심을 때는 품종 명과 심은 날짜를 확실히 표기하는 것이 중요하다. 활동하기 약 한 달 전에 해바라기 심기를 시작하면 아이들은 묘종을 볼 수 있게 된다. 특히 뿌리와 순을 알게 된다.

🐌 발달 과정
- 회상하기 연습
- 감각운동 기술 강화
- 배열하기 연습

🐌 자연 개념과 과정
- 해바라기는 씨앗을 가지고 있다.
- 씨앗은 성장하는 데 물과 흙이 필요하다.
- 해바라기는 매우 다양한 크기와 색이 존재한다.

🐌 어휘
해바라기 씨앗, 색깔

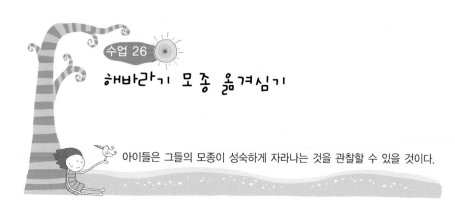

해바라기 모종 옮겨심기

아이들은 그들의 모종이 성숙하게 자라나는 것을 관찰할 수 있을 것이다.

🐌 재료

모판에 들어 있는 옮겨심기 할 모종(여러 종류의 미니 종), 흙, (바닥이) 넓은 대야, 구멍을 파기 위한 작은 숟가락이나 삽(젓가락을 사용할 수도 있다), 물이 담긴 물뿌리개, 매직펜, 긴 화분이나 스탠딩 용기와 같이 모종을 옮겨 심을 큰 용기

🐌 준비

1. 아이들이 접근할 수 있는 위치로 용기를 옮긴다.
2. 식물을 심을 장소를 마련한다.
3. (바닥이) 넓은 대야에 흙을 채운다.

4. 식물을 심을 장소에 모종을 배치한다.

5. 아이들의 이름과 해바라기 품종 명을 이름표에 적어 놓는다.

6. 용기 안쪽에 흙을 담을 위치를 표시한다.

7. 물뿌리개에 물을 채운다.

🐌 작업 순서

1. 도입: 만약 가을에 튤립 구근 화분을 야외에 심었다면, 화분 하나를 가져 와서 아이들과 함께 관찰한다. 아이들과 함께 화분을 눌러서 식물을 꺼낸 다. 만약 튤립이 늦게 피는 종이라면, 꽃과 뿌리, 줄기와 잎을 가지고 있 을 것이다. 날씨가 더울 때 해바라기 모종은 자라서 꽃을 피울 것이고, 튤 립은 더 이상 꽃이 피지 않을 것이란 것을 설명한다.

2. 옮겨심기 시범을 보인다.

   ① 용기의 선까지 흙을 채운다. 흙은 성기게 놓아둔다.

   ② 모종이 들어갈 만한 큰 구멍을 판다.

   ③ 모종 뿌리를 단단하게 잡아 모판에서 꺼낸다.

   ④ 구멍 안에 모종을 넣는다.

   ⑤ 모종 주변의 흙을 단단하게 다지되, 줄기가 묻히지 않도록 한다.

   ⑥ 화분에 물을 준다.

   ⑦ 화분에 이름표를 붙인다.

3. 아이들이 시범을 따라서 모종 옮겨심기를 할 때 일대일로 도움을 준다.

🐌 주안점

화분이 크고, 필요한 흙의 양이 많아 아이들이 다루기 어려울 수 있다. 활동 전에 미리 화분에 흙을 채워 놓고, 아이들이 흙을 담는 과제를 완수하기 위한 충분한 양의 흙을 남겨 둔다. 아이들이 이번 활동을 시행하기 전에 흙을 약간 다져 놓도록 한다. 그렇지 않다면 화분 안으로 들어가는 흙보다 화분 밖으로 떨어지는 것이 더 많을 것이다. 이상적으로 야외 정원을 활용할 수 있다면 해바라기 모종은 직접 땅에 심을 수도 있다.

🐌 적용

해바라기 모종을 실내에서 키울 수 없는데 해바라기 정원을 꾸미고 싶다면, 근처의 모종 가게에 가서 식물을 살 수도 있다. 식물이 얼마나 클지 식물 심기 표를 잘 읽어 둔다. 씨앗은 패키지의 심는 순서에 따라 바로 흙에 심을 수도 있다.

각각의 활동 공간에 접근할 수 있도록 한다. 해바라기는 높인 재배상이나 화단에 바로 심을 수도 있다.

🐌 발달 과정

- 감각운동 자극 훈련
- 소근육과 대근육 운동 연습
- 균형 잡고 서 있기 연습
- 지시 따라 하기
- 사회적 기술 연습

🐌 자연 개념과 과정

- 해바라기는 흙이 있는 야외에서 자라날 수 있다.
- 해바라기는 성장하는 데 햇빛(열과 빛)과 물이 필요하다.
- 튤립과 해바라기 모종은 크기와 모양이 다르다.

🐌 어휘

모종, 줄기, 잎, 해바라기, 뿌리, 흙, 튤립, 꽃, 더운, 여름, 햇살, 열

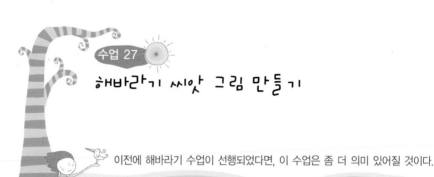

해바라기 씨앗 그림 만들기

이전에 해바라기 수업이 선행되었다면, 이 수업은 좀 더 의미 있어질 것이다.

재료

해바라기 씨앗, 해바라기 모양의 테두리가 그려진 흰 종이, 노란 종이, 물풀 혹은 딱풀, 풀을 바르기 위한 솔, 매직펜, 씨앗을 담을 작은 통, 가위, 스티로폼 혹은 풀을 담을 플라스틱 통

준비

1. 해바라기의 테두리를 그리고 복사를 해서 아이들에게 한 장씩 나눠 준다.
2. 해바라기의 꽃잎 모양으로 노란 종이를 자른다.
3. 풀을 작은 통에 담는다.
4. 해바라기 씨앗을 작은 통에 담는다.

5. 해바라기 그림 위에 아이들의 이름을 쓴다.

🐌 작업 순서

1. 도입: 그룹에 있는 다른 아이들의 이름을 인지하는 것은 이번 수업의 목표다. 이 목표에 재미를 더하기 위해 칠판 뒷면에 큰 해바라기를 잘라 붙인다. 한 아이가 꽃 뒤에 숨고 다른 아이들은 누가 숨었는지를 맞추어 본다. 각각의 아이들이 돌아가면서 숨고 다른 아이들은 숨은 아이가 누구인지 맞추기를 계속한다.

2. 말린 해바라기와 싱싱한 해바라기를 비교했던 지난 수업을 회상해 본다.

3. 활동을 시범 보인다.

   ① 물풀을 꽃의 중앙 부분에 바르고, 풀 바른 곳 위에 씨앗을 뿌린다.

   ② 꽃잎의 테두리에도 풀을 바르고, 노란색으로 잘라 놓은 꽃잎 모양을 붙인다.

4. 아이들에게 한 번에 하나의 재료를 나누어 주고, 한 번에 한 단계씩 활동을 진행한다.
5. 풀이 마를 때까지 해바라기 그림을 놓아둔다.

🐌 주안점

몇몇 아이들은 중앙에 씨앗을 놓는 것이 어려울 수 있다. 꽃잎으로 공간을 만들어 중앙에 씨앗을 몰아넣도록 한다.

🐌 적용

어떤 아이들은 모든 것을 한 번에 풀칠하는 것이 쉬운 방법이라는 것을 발견할 것이다.

🐌 팁

준비한 그림에 줄기와 잎이 있다면 녹색으로 외곽을 칠해도 좋다. 아이들에게 시연을 하기 위해 해바라기 프로젝트를 미리 준비한다.

🐌 발달 과정
- 회상하기 연습
- 사람과 이름에 대한 인식 강화
- 소근육 운동기술 강화
- 눈과 손의 협응력 연습
- 언어적 · 시각적 설명대로 따라 하기

• 사회적 상호작용 기술 연습

🐌 자연 개념과 과정

• 해바라기는 씨앗을 갖고 있다.

• 꽃은 꽃잎과 씨앗을 갖고 있다.

🐌 어휘

해바라기, 씨앗, 꽃잎, 줄기, 이름, 중심, 가운데

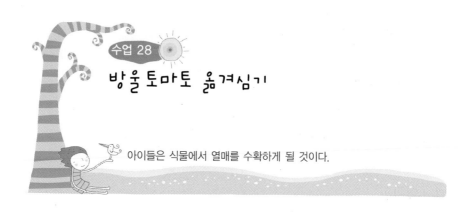

수업 28

방울토마토 옮겨심기

아이들은 식물에서 열매를 수확하게 될 것이다.

🐌 재료

약 5cm 크기의 비닐포에 든 방울토마토, 흙, (바닥이) 넓은 대야 혹은 트레이, 플라스틱 톱니 칼, 숟가락, 약 13cm 크기의 화분, 물이 담긴 물뿌리개, 화분받침, 젓가락, 매직펜, 이름표, 방울토마토

🐌 준비(아이들마다 개별 준비)

1. (바닥이) 넓은 대야 혹은 트레이에 2cm가량의 흙을 채운다.
2. 이름표에 이름을 적는다.
3. 13cm 크기의 화분 안쪽에 보통의 흙을 채우는 높이보다 5cm가량 낮은 부분에 선을 긋는다.

4. 옮겨심기 활동을 할 공간을 준비한다.

🐌 작업 순서

1. 도입: 품종별로 다양한 크기와 모양의 토마토(예: 자두, 체리, 샐러드용 토마토)를 비교하면서 옮겨심기를 소개한다. 토마토를 플라스틱 톱니 칼로 자르면 안쪽에서 씨앗을 발견할 수 있다.

2. 아이들에게 방울토마토를 나누어 주고 무엇인지 확인시키고, 열매의 맛을 보도록 한다.

3. 대부분의 토마토는 식물의 크기와 자라나는 환경 때문에 야외에서 자라지만, 방울토마토는 아주 크게 자라지 않기 때문에 해가 잘 드는 창턱 안쪽에서 키울 수 있다는 것을 설명한다.

4. 옮겨심기 활동을 시범 보인다
   ① 아이들에게 화분 안쪽에 그려 놓은 선이 어디에 있는지 보여 준다.
   ② 화분을 흙으로 채우고, 빈 화분으로 흙을 단단하게 눌러 준다.
   ③ 화분의 중앙에 젓가락으로 큰 구멍을 만들고 구멍 안에 모종을 넣되, 뿌리는 흙 밑에 놓고, 줄기와 잎은 흙 위에 놓는다.
   ④ 화분을 화분받침 위에 놓고, 물을 주고, 이름표를 붙인다.

5. 아이들이 시범에 따라서 활동을 끝낼 수 있도록 한다.

🐌 원예 요구 사항

옮겨심기를 위한 살아 있는 식물을 얻기 위하여, 토마토는 활동하기 약 한 달 전에 번식시켜야만 한다. '씨앗 패키지'의 지침을 따라서 심는다. 토마토는 자라는 데 햇빛이 필요하다. 마르지 않도록 주의하라. 만약 물 주기를 소홀히 한다면, 열매를 거의 맺지 않거나, 벌레의 침입에 약해질 것이다.

주안점

모종이 너무 작으면 아이들이 모종을 옮겨심기가 어려울 수 있다. 만약 5~8cm 높이의 모종이라면, 뿌리가 잘 발달될 것이고, 아이들이 그것을 비닐 포트에서 빼낼 때 쉽게 다룰 수 있을 것이다. 줄기가 부러지지 않게 하기 위하여 뿌리 부분을 잡도록 한다. 아이들이 활동을 완성할 수 있도록 여분의 모종을 준비한다.

적용

만약 모종 심기를 할 비닐포트가 없다면, 비어 있는 달걀 상자를 사용해도 된다.

팁

토마토는 봄이나 이른 여름에 옮겨심기를 한다. 만약 여름에 옮겨심기를 한다면, 이른 3월에 심어야 다 자란 식물을 아이들에게 보여 줄 수 있다. 다 자라는 시기를 가늠하기 위해서는 '씨앗 패키지'의 지침을 참고한다. 방울토마토가 익어 가면, 아이들과 함께 토마토를 잘라 보고, 씨앗을 확인한다.

발달 과정
- 크기와 모양 비교하기

- 단계별 지시 사항 따라 하기
- 운동 및 감각 기술 강화
- 의사소통과 사회적 기술 연습

🐌 자연 개념과 과정

- 식물은 우리에게 먹을 것을 제공한다.
- 식물은 자라는 데 물과 햇빛이 필요하다.
- 토마토는 다양한 크기와 모양이 있다.
- 토마토는 안쪽에 씨앗을 가지고 있다.

🐌 어휘

토마토, 모종, 붉은, 씨앗, 뿌리, 잎, 줄기

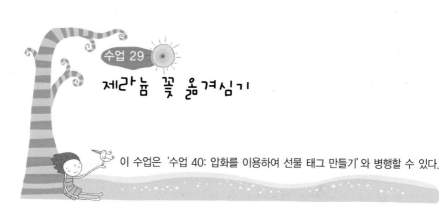

제라늄 꽃 옮겨심기

이 수업은 '수업 40: 압화를 이용하여 선물 태그 만들기'와 병행할 수 있다.

🐌 재료

비닐포트에 담긴 제라늄, 제라늄 꽃, 흙, (바닥이) 넓은 대야 혹은 트레이, 숟가락, 약 10~12cm의 화분, 화분받침, 물이 담긴 물뿌리개

🐌 준비(아이들마다 개별 준비)

1. (바닥이) 넓은 대야 혹은 트레이에 2cm가량의 흙을 채운다.
2. 아이들의 이름과 식물의 이름을 이름표에 적는다.
3. 활동 공간을 마련한다.

🐌 작업 순서

1. 도입: 꽃이 핀 제라늄을 옮겨 심는 것은 프로젝트를 성공적으로 완성했다는 성취감을 즉각적으로 제공한다. 제라늄은 봄철에 원예용품점에서 흔히 구할 수 있어 아이들에게 다양한 색을 선택하도록 할 수 있다. 이 활동은 아이들이 원예적인 것(식물의 부분을 확인하기)에 대해 배울 수 있도록 강화시켜 줄 뿐 아니라, 누구에게 제라늄을 줄 것인가를 토론하면서 사회적 상호작용을 촉진하기도 한다.

2. 아이들과 함께 식물의 부위, 특별히 꽃 부분을 확인해 보고, 꽃의 색깔을 구별해 본다.

3. 활동을 시범 보인다.

   ① 비닐포트를 꽉 쥐어 그 안의 제라늄을 꺼낸다.

   ② 화분에 3cm가량의 흙을 담는다(흙 높이는 가장자리로부터 약 3cm 아래로, 화분의 가장자리에 위치한다).

   ③ 화분 안에 제라늄을 넣고, 흙은 더 넣은 다음에 단단하게 눌러 준다.

   ④ 화분을 화분받침 위에 놓고, 물을 준다.

4. 아이들에게 흙이 담긴 (바닥이) 넓은 대야를 돌린다.

5. 화분을 차례대로 옆 사람에게 넘기도록 하고, 아이들의 이름을 불러 주도록 격려한다.

6. 아이들이 식물을 잡았을 때, 뿌리에 붙은 흙 덩어리가 흩어지지 않게 다루도록 한다.

7. 시범에 따라 활동을 완성하도록 한다.

🐌 주안점

아이들은 식물 심기와 옮겨심기를 성공적으로 수차례 시행했기 때문에, 이러한 재료들이 익숙하다. 하지만 몇몇 아이들은 여전히 일대일 도움이 필요하다.

🐌 원예 요구 사항

제라늄은 햇살이 드는 창가에서 잘 자란다. 제라늄은 물을 주고 다음 물을 줄 때까지 약간 말라 있는 것을 좋아한다.

🐌 팁

제라늄은 봄철에 원예용품점에서 비싸지 않은 가격으로 비닐포트 모종을 구입할 수 있다. 이 활동은 특별히 '어버이 날'의 근처에 시행하면 더욱 의미 있다. 선물용으로 제라늄 화분을 장식한다. 화분을 호일로 포장한다. 선물 태그을 넣기 위해 '수업 40: 압화를 이용하여 선물 태그 만들기'를 참조한다.

🐌 발달 과정

- 단계별 지시 사항 따라 하기
- 색깔 구별하기
- 식물의 부위 구별하기
- 선택하기 연습
- 소근육 운동기술의 발달
- 부드럽게 만지기 연습
- 사회적 기술과 의사소통 기술 연습
- 촉각적 · 시각적 · 후각적 감각 자극하기

🐌 자연 개념과 과정

- 식물은 흙과 물이 필요하다.
- 식물은 꽃과 줄기와 뿌리를 가지고 있다.
- 꽃은 각기 다른 색을 갖고 있다.
- 식물은 좀 더 큰 통이나 화분에 옮겨 심을 수 있다.

🐌 어휘

제라늄, 색이름, 비닐포트, 꽉 쥐기

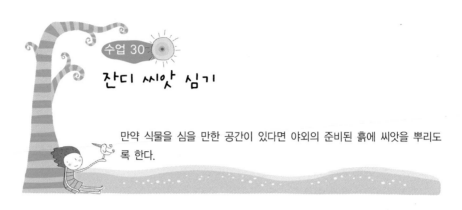

잔디 씨앗 심기

만약 식물을 심을 만한 공간이 있다면 야외의 준비된 흙에 씨앗을 뿌리도록 한다.

🐌 재료

잔디 씨, 수관, 흙, (바닥이) 넓은 대야 혹은 트레이, 숟가락, 물이 담긴 물뿌리개, 화분받침, 매직펜, 이름표, 10cm 화분, 감귤류 혹은 호박씨, 비닐 랩, 종자를 싹 틔울 10cm 화분

🐌 준비(아이들마다 개별 준비)

1. 아이들의 이름을 이름표의 한쪽에 적고, 다른 쪽에 '잔디 씨'라고 적는다.
2. 수관을 씨앗으로 채우고, 뚜껑을 닫아 고정한다.
3. 화분의 윗부분에서 약 4cm 아래에 선을 그어 흙이

담길 높이를 표시한다.

4. 아이들이 물을 줄 때 씨앗이 씻겨 내려가지 않도록 소량의 물을 물뿌리개에 담아 둔다.

5. 활동 공간을 준비한다.

🐌 작업 순서

1. 도입: 씨앗을 이용한 식물의 번식활동은 교육과정을 통하여 여러 차례 반복되었다. 이러한 반복은 학습을 강화시킨다. 이번 수업을 위하여 씨앗이 발아한 화분을 준비한다(씨앗이 뿌리와 잎을 형성하려면 최소한 3주 전에 심어 놓는다). 잔디 화분을 조사하면서 이번 수업을 소개한다. 수업을 진행하기 전에 식물의 부분을 식별한다.

2. 아이들에게 한 손을 내밀도록 하고, 각각의 손에 소량의 씨앗을 쥐어 준다.

3. 그들의 손에 있는 재료에 대하여 이야기하고, 감귤류와 호박씨를 비교해 본다(크기, 모양, 질감 등).

4. 어떻게 씨앗을 심는지 시범을 보인다.

① 흙을 선까지 담고 다진다.

② 씨앗을 흩뿌린다.

③ 씨앗을 1cm가량의 흙으로 덮는다.

④ 화분에 조심스럽게 물을 주고, 이름표를 꽂는다.

⑤ 화분 위를 비닐 랩으로 덮는다.

5. 아이들에게 재료를 나누어 주고, 활동을 완성하도록 한다.

🐌 주안점

호박씨 심기처럼, 물을 너무 많이 주면 씨앗이 씻겨 내려가는 것에 대하여 시범을 보이는 기회를 갖는다. 씨앗은 반드시 흙 속에서 자란다는 것을 설명한다.

🐌 적용

물뿌리개에 물을 많이 담지 않는다. 물뿌리개에 물은 흙을 적실 수 있을 만큼만 채운다.

🐌 팁

화분을 따스한 곳에 놓되, 직사광선은 피한다. 씨앗이 싹트기 시작할 때 비닐 랩을 제거하고, 햇볕에 내놓는다. 잔디에 적당한 수분을 유지시킨다. 기를 수 있는 공간이 허용된다면, 잔디 씨앗 플러그를 야외에 옮겨 심는다.

🐌 발달 과정

- 모양, 크기, 질감 비교하기
- 단계별 지시 사항 따라 하기

• 소근육 운동기술 조절 연습

 자연 개념과 과정

• 잔디는 씨앗으로부터 자란다.

• 씨앗은 각기 다른 모양과 크기 및 질감을 가진다.

• 빠른 속도로 많은 양의 물을 주면 흙과 씨앗이 씻겨 내려갈 수 있다.

어휘

잔디, 씨앗, 뿌리, 녹색

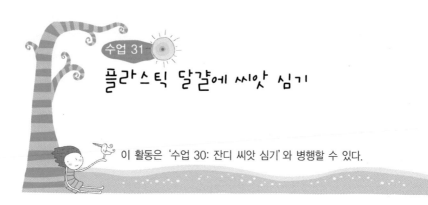

플라스틱 달걀에 씨앗 심기

이 활동은 '수업 30: 잔디 씨앗 심기'와 병행할 수 있다.

🐌 재료

흰색 플라스틱 달걀, 신선한 달걀, 수성펜, 달걀을 담을 수 있는 작은 토기 화분, 가위, 풀(접착제), 소량의 흙을 담을 수 있는 통, 작은 플라스틱 숟가락, 흙, 발아된 씨앗(알팔파, 밀, 브로콜리 등), 씨앗을 담을 종자관, 물을 담을 수관, 비닐 랩, 완성된 과제의 샘플

🐌 준비(아이들마다 개별 준비)

1. 플라스틱 달걀에 흙을 담을 수 있도록 윗부분에 작은 구멍을 낸다.
2. 배수가 되도록 바닥에 작은 구멍을 뚫는다.
3. 토기 화분의 안쪽 둘레에 풀을 바르고, 화분 안에 준비한 달걀을 놓는다.

4. 풀이 마를 때까지 한쪽으로 치워 놓고, 달걀이 고정되었는지 확인한다.

5. 작은 통 안에 1~2컵가량의 흙을 채운다.

6. 수관에 물을 채우고 뚜껑을 단단히 닫는다. 뚜껑에 물이 흘러나올 만큼 충분한 크기의 구멍을 낸다.

7. 수관에 씨앗을 담고 뚜껑을 닫는다. 흔들었을 때 씨앗이 쉽게 나올 수 있도록 충분한 크기의 구멍을 낸다.

🐌 작업 순서

1. 도입: 봄에 우리를 둘러싼 온 세상이 깨어난다. 만일 기회가 된다면, 아이들과 야외로 나가 변화를 관찰한다. 무슨 일이 일어나는지를 보기 위한 야외 정원이 필요한 것은 아니다. 아이들과 당신이 이용 가능한 것을 사용한다.

2. 아이들에게 자르지 않은 흰 플라스틱 달걀을 굴려 보게 한다. 테이블에 튀어 오르게 해 보이면서 아이들이 플라스틱 달걀을 확인해 보도록 한다.

3. 대야 안에 진짜 달걀을 깨뜨려 보도록 하고, 플라스틱 달걀과의 차이를 확인한다(쓰레기는 걱정하지 마라. 그것은 즐거움의 한 부분이다).

4. 화분 안의 장식된 달걀을 보여 주면서 어느 부분에서 씨앗이 자라나게 될지를 유의한다.

5. 아이들에게 나누어 준 플라스틱 달걀을 다시 모아 둔다.

6. 각각의 아이들에게 달걀 윗부분에 풀을 발라 준비해 놓은 토기 화분을 전달한다. 토기 화분 밑부분에 아이들의 이름을 적는다.

7. 수성펜을 나누어 주고, 화분과 달걀을 색칠하고 장식해 보게 한다.

8. 수성펜을 다시 수거하고, 흙과 숟가락을 나누어 준다.

9. 흙으로 달걀의 반가량을 채운다(수업 전에 매직펜으로 표시해 둔다).

10. 종자관을 나누어 주고, 흙에 씨앗을 뿌리도록 한다.

11. 흙으로 씨앗을 덮어 준다.

12. 흙과 종자관을 수거한다.

13. 수관을 나누어 주고, 물을 뿌리도록 한다.

14. 비닐 랩으로 달걀 윗부분을 덮어 주고, 싹이 나도록 따뜻한 곳에 놓아
    둔다.

🐌 주안점
수관을 사용하면 물이 넘쳐 나는 문제를 해결할 수 있다.

🐌 적용
만약 작은 토기 화분이 없다면, 달걀판에 플라스틱 달걀을 세워 사용할 수
있다. 배수가 되는지 확인하도록 한다.

🐌 팁
아이들이 쉽게 다룰 수 있도록 종자관과 수관을 스티로폼에 꽂아 놓는다. 둥
근 화분 안에 싹이 난 달걀의 윗부분을 놓아둔다.

🐌 발달 과정
• 소근육 운동기술 연습

- 과제 수행 연습
- 플라스틱 달걀과 진짜 달걀 비교하기
- 의사소통과 사회적 기술 연습

🐌 자연 개념과 과정

- 씨앗은 흙에서 자란다.
- 씨앗은 자라나는 데 물이 필요하다.
- 진짜 달걀 껍질은 쉽게 깨진다.
- 플라스틱 달걀 껍질은 잘 깨지지 않는다.

🐌 어휘

씨앗, 새싹

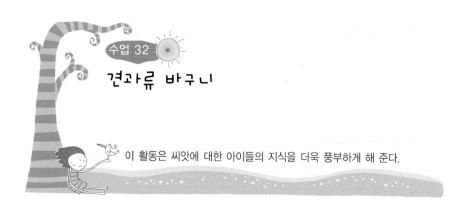

견과류 바구니

이 활동은 씨앗에 대한 아이들의 지식을 더욱 풍부하게 해 준다.

🐌 재료

직경 약 13cm, 높이 8cm가량의 바구니, 5cm 스티로폼, 다양한 견과류, 솔방울, 마른 꼬투리, 짜서 쓰는 물풀, 재료를 담아 놓을 플라스틱 통, 호두 까개 또는 견과류를 까기 위한 망치, 이름표, 매직펜

🐌 준비(아이들마다 개별 준비)

1. 스티로폼 조각을 바구니 바닥에 깔아 놓고, 바구니 안쪽 구석까지 밀어넣음으로써 잘 고정되었는지 확인한다.
2. 각각의 플라스틱 통에 여러 가지 견과류 및 재료를 채운다.
3. 물풀 입구가 마른 풀로 막혀 있지 않도록 통을 짜서 확인한다.

4. 아이들의 이름을 이름표에 적는다.

5. 활동 공간을 준비한다.

🐌 **작업 순서**

1. 도입: 아이들이 땅콩버터를 좋아하든, 싫어하든지 관계없이 대부분은 그
   것이 무엇인지 알고 있다. 이 익숙한 음식을 사용하는 것은 아이들이 견
   과류는 딱딱한 껍질 안에 씨앗이 들어 있는 것이라는 것을 알게 하는 데
   도움을 준다. 껍질 안의 견과류를 조사해 보고, 껍질을 깨서 열어 보고,
   맛과 향을 본다. 이 수업은 다른 견과류 수업과 연결된다.

2. 아이들에게 견과류를 가지고 크기, 색깔, 모양과 질감을 비교해 보도록
   한다.

3. 한 번에 한 개씩 호두 까개로 견과류를 깨뜨려 보고, 씨앗을 조사한다.

4. 먹을 수 있는 씨앗, 심을 씨앗, 장식용 씨앗에 대하여 이야기해 본다.

5. 활동을 시범 보인다.

   ① 여러 가지 견과류, 솔방울, 종자 등으로 바구니를 채운다.

   ② 고정하기 위해 바구니 안의 재료 위에 풀칠을 한다.

   ③ 풀이 마르도록 한쪽에 놓아둔다.

6. 아이들에게 여러 가지 재료들을 나누어 주고, 그들의 바구니를 채우도록
   한다.

7. 풀칠을 하고, 이름표를 꽂은 뒤에 마를 때까지 한쪽에 놓아둔다.

🐌 **주안점**

물풀로 재료들을 고정할 때 일대일 도움이 필요할 것이다.

🐌 **적용**

만약 아이들 개개인에게 플라스틱 통을 나누어 줄 수 없다면, 작은 스티로폼이나 플라스틱 접시에 풀을 담아 숟가락으로 재료 위에 풀칠하도록 한다.

🐌 **팁**

기념일에 공예 가게에서 구입한 작은 장난감들로 바구니를 채울 수도 있다(예: 눈사람, 산타, 칠면조). 바구니에 담기 위한 견과류(씨앗)와 아이들에게 익숙한 씨앗(예: 호박씨, 감귤류 씨앗)을 비교해 본다.

🐌 **발달 과정**

• 크기, 색깔, 모양, 질감 비교하기
• 후각과 미각 자극하기

- 소근육 운동기술 연습
- 사회적 기술과 의사소통 기술 사용하기

🐌 자연 개념과 과정

- 견과류는 씨앗이다.
- 우리는 씨앗을 먹을 수 있고, 새들도 씨앗을 먹는다.
- 씨앗과 견과류는 다양한 모양, 색깔, 크기와 질감을 가지고 있다.
- 견과류는 딱딱한 껍질을 갖고 있다.

🐌 어휘

솔방울, 견과류, 씨앗, 껍질, 호두 까개

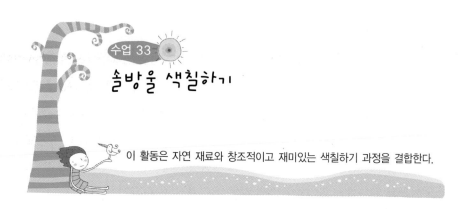

솔방울 색칠하기

이 활동은 자연 재료와 창조적이고 재미있는 색칠하기 과정을 결합한다.

재료

윗부분이 납작한 솔방울(크기가 클수록 좋다), 흰색 수용성 물감, 색칠하기에 충분한 크기의 붓, 작은 스티로폼 접시, 신문지(그림을 그리면서 생기는 지저분한 것들을 담기 위한 것), 다양한 크기의 솔방울, 솔방울이 붙어 있는 소나무 가지, 눈(가능한 경우), 솔잎과 비교 가능한 다른 잎사귀들

준비

1. 접시에 소량의 흰색 물감을 담는다.
2. 활동 공간을 준비한다.

🐌 작업 순서

1. 도입: 낮 시간이 점점 짧아져도, 여전히 겨울 정원에서 원예활동을 하는 모습을 볼 수 있다. 솔방울이 달린 소나무 가지를 가져와서 솔잎을 조사하고, 줄기의 끈끈함과 솔방울의 단단함을 느껴 본다. 솔방울이 씨앗을 만들어 내는 것에 대해 설명한다. 솔향기를 맡아 본다.
2. 아이들과 함께 솔방울의 크기를 비교해 본다.
3. 활동을 시범 보인다. 하얀색 물감으로 눈처럼 보이도록 솔방울을 칠한다.
4. 각각의 재료를 아이들에게 하나씩 나누어 주고, 한 번에 한 단계씩 진행한다.

🐌 주안점

옷이 더러워지는 것을 막기 위해 작업복 등이 필요할 수 있다.

🐌 적용

다른 색의 수용성 물감으로 솔방울을 칠해 본다.

🐌 팁

이것은 이틀에 걸친 원예 프로젝트다. 완성된 작품을 아이들이 볼 수 있도록 한다. 아이들과 함께 잣(pignoli nuts)을 만져 보고 맛본다. 만약 씹거나 삼키는 데 문제가 있는 아이들은 맛보는 것을 주의해야 한다.

🐌 발달 과정

- 의사소통 기술 연습
- 후각과 촉각 자극하기
- 소근육 운동기술 훈련
- 수행기술 연습
- 모양, 질감, 크기, 무늬 비교하기

🐌 자연 개념과 과정

- 솔방울은 야생의 소나무에서 자란다.
- 솔잎은 나뭇잎이다.
- 송진은 끈적끈적하다.
- 솔방울은 안에 많은 씨앗을 가지고 있다.

🐌 어휘

솔방울, 흰색 물감, 잎사귀, 줄기, 끈끈한, 침엽, 단단한(딱딱한)

솔방울 둥지 만들기

이 활동은 특히 기념일 장식에 적절하다.

재료

솔방울, 리본 혹은 끈, 딱풀 혹은 풀, 작은 견과류와 솔송나무에서 나온 아주 작은 솔방울, 작은 모형 새, 원예 테이프, 스페인 이끼, 작은 스티로폼 접시

준비

1. 리본이나 줄을 20~30cm로 자르거나 장식품을 걸 수 있는 기장으로 잘라 놓는다.
2. 솔방울 반대편에 리본이나 줄을 붙인다.
3. 작은 접시에 여러 가지 작은 견과류와 솔방울을 담는다.
4. 원예 테이프를 3~5cm로 자른다.

🐌 작업 순서

1. 도입: 원예 공예를 위하여 재료를 사용하는 것은 아이들이 그들의 자연환경을 알게 하는 데 있어 굉장히 좋은 방법이다. '수업 33: 솔방울 색칠하기'는 이 활동의 도입 부분과 관련이 있다. 원예 공예를 하는 것은 커리큘럼을 다양하게 하고, 다른 형태의 배움을 강화시킨다.

2. 아이들에게 완성된 장식품을 보여 준다.

3. 새들의 서식지에 대하여 의논한다.

4. 활동을 시범 보인다.

   ① 색칠해 놓은 솔방울 윗부분에 원예 테이프를 붙이고, 윗부분을 덮는다.

   ② 테이프를 단단하게 고정한 다음 종이를 떼어 낸다.

   ③ 테이프 위에 새를 올려놓고, 고정하기 위해 눌러 준다.

   ④ 테이프 위의 새 주변에 견과류와 솔방울을 올려놓고, 단단하게 눌러 준다.

   ⑤ 새 주변에 소량의 스페인 이끼를 밀어넣어서 둥지를 만든다.

5. 아이들에게 재료를 한 번에 한 가지씩 전달하고, 한 번에 한 단계씩 진행한다.

🐌 주안점

이 활동은 여러 단계로 구성된다. 몇몇 아이들은 다양한 재료들로 인해 주의를 다른 곳으로 돌릴 수 있다. 이 활동을 완성하기 위하여 일대일 도움이 필요할 수 있다. 한 번에 한 단계씩 진행하는 것이 중요하다.

적용

만약 아이들이 솔방울을 다루는 것을 어려워한다면, 아이들이 그것을 꾸미는 동안 그것들이 안전하게 고정되도록 플라스틱 통 안에 넣어 둔다. 만약 아이들이 활동에 집중하기 어려워한다면, 시범 보이기는 건너뛰고, 한 번에 한 단계씩 진행해 본다.

팁

만약 솔방울이 마르기를 기다릴 시간이 없다면, 자연스럽게 색칠하지 않은 솔방울을 사용할 수도 있다. 이 활동은 아이들에 직접 만든 장식품을 집에 가져감으로써 기념일에 특별한 의미가 될 수 있다.

🐌 발달 과정

- 단계별 지시 사항 따라 하기
- 수행기술 연습
- 소근육 운동기술 훈련
- 모양과 질감 비교하기

🐌 자연 개념과 과정

- 새들은 둥지에서 산다.
- 새들은 알을 낳는다.
- 새들은 둥지에서 새끼를 기른다.
- 솔방울의 크기는 다양하다.
- 솔방울은 견과의 일종이다.
- 솔방울과 견과는 느낌과 생김새가 다르다.

🐌 어휘

솔방울, 새, 둥지, 견과류, 스페인 이끼

솔방울 새 모이통 만들기

이 활동은 아이들이 자연환경을 인식하는 데 도움을 주는 활동으로 활용한다.

재료

솔방울, 플라스틱 칼, 땅콩버터, 작은 스티로폼 접시, 야생 새 모이, 빵 끈, 새 모이를 놓고 솔방울을 굴릴 트레이

준비

1. 빵 끈을 45~60cm로 자르고, 야외에 매달 수 있도록 솔방울의 위쪽에 감아 잡아 맨다.
2. 접시에 땅콩버터를 놓는다.
3. 트레이 안에 씨앗을 채운다.
4. 활동 공간을 마련한다.

🐌 작업 순서

1. 도입: 가능하다면, 겨울에 아이들과 함께 야외에 나가 보고, 환경이 어떻게 변화했는지 살펴보도록 돕는다(많은 나무들은 더 이상 나뭇잎을 가지고 있지 않고, 꽃들은 개화를 멈췄으며, 공기는 차갑고, 땅은 얼었을 것이다). 새에 대하여 이야기를 나눠 본다. 날씨가 추워지면 어떤 새들을 따뜻한 곳으로 날아가지만, 어떤 새들은 그렇지 않다. 그들은 여전히 먹이가 필요하다. 겨울에 먹이를 찾는 것은 어려운 일이다. 아이들이 어떻게 새들에게 먹이를 줄 수 있을지 계획하고 의논한다.

2. 모이통을 어떻게 만드는지 시범을 보인다.
   ① 플라스틱 칼을 이용하여 땅콩버터를 솔방울에 바른다.
   ② 씨앗을 놓아둔 트레이에 솔방울을 굴린다.

3. 아이들에게 한 번에 한 가지씩 재료를 나누어 주고, 한 번에 한 단계씩 진행한다.

🐌 주안점

아마도 아이들은 땅콩버터를 먹고 싶어 할 것이다. 아이들에게 땅콩 알레르기나 삼킴장애가 없는지 확인한다. 이것은 지저분해질 수 있는 활동이지만, 큰 보상이 따른다(아이들은 새들에게 먹이를 주면서 책임감을 기르게 된다).

🐌 적용

만약 땅콩버터를 먹을 수 없는 아이가 있다면, 돼지기름이나 베이컨의 지방

부분을 대신 사용한다.

🐌 팁

아이들이 새들이 모이를 먹는 것을 관찰할 수 있는 야외에 모이통을 건다. 아이들에게 솔방울, 빵 끈, 씨앗을 담은 지퍼백과 사용 설명서가 담긴 새 모이통 꾸러미를 집으로 보내서, 가족들과 함께 집에서 모이통을 만들어 보도록 한다. 모이통을 야외에 매달았을 때 어떤 일이 일어나는지 관찰한다.

🐌 발달 과정
- 소근육 운동기술 연습
- 사회적 기술 강화
- 후각과 촉각 자극 훈련

🐌 자연 개념과 과정
- 많은 새들은 씨앗을 먹는다.
- 새들은 겨울에 먹이가 필요하다.
- 겨울에 바깥은 춥다.
- 자연은 겨울에 다른 모습을 보여 준다.

🐌 어휘
솔방울, 씨앗, 새, 땅콩버터

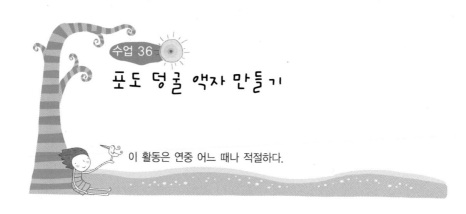

포도 덩굴 액자 만들기

이 활동은 연중 어느 때나 적절하다.

재료

10cm 포도 덩굴 화환(공예 가게에서 구입할 수 있다), 화환의 뒷면에 맞춰 자른 아이들의 개인사진, 합판이나 두꺼운 종이, 가위, 뜨거운 풀(접착제), 작은 통, 리본, 마른 꽃 혹은 압화, 흡수지, 자석 테이프, 원예용 테이프

준비(아이들마다 개별 준비)

1. 수업 이전에 폴라로이드 카메라를 이용하여 아이들의 개별 사진을 찍어 놓거나 집에서 사진을 가져오도록 하다.
2. 화환에 맞춰서 둥근 모양으로 사진을 오린다.
3. 가운데 부분을 통하여 사진이 보이도록 액자와 사진을 풀로 붙인다.

4. 합판을 약 10cm의 원으로 잘라 풀로 사진 뒷면에 붙인다(풀은 사진의 가장자리에만 바른다. 왜냐하면, 풀이 사진 겉면의 질에 영향을 줄 수 있기 때문이다). 종이 뒷면을 눌러 준다.

5. 풀이 다 마르면, 사진과 액자의 뒷면을 손질한다.

6. 액자를 걸 수 있도록 알록달록한 리본을 액자의 윗부분에 묶는다.

7. 원예용 테이프를 3~5cm로 잘라 마른 꽃들이 사진을 가리지 않도록 화환의 앞면에 붙여 준다.

8. 화환에 맞도록 마른 꽃을 잘라 주고, 재료들을 작은 통에 담는다.

🐌 작업 순서

1. 도입: 생화와 잎을 가져오고 그것들을 살펴보게 한다. 2장의 흡수지를 이용하여 그 사이에 꽃과 잎사귀를 넣고 물기를 짜내기 위해 눌러 준다. 아이들에게 마른 압화와 잎사귀를 나누어 주어 눌러 보고 비교해 보도록 한다.

2. 활동을 시범 보인다.
   ① 원예용 테이프의 끈끈한 면이 나오도록 종이를 떼 낸다.
   ② 원예용 테이프 위에 마른 재료들을 조심스럽게, 하지만 단단하게 눌러 준다.

3. 아이들과 함께 개인 사진을 확인한다.

4. 한 번에 하나씩 재료를 나누어 주고, 한 단계씩 진행한다.

🐌 주안점

이 활동은 준비하는 면에서 노동 집약적인 프로젝트다. 사진을 준비하는 데는 예상보다 더 시간이 걸릴 수도 있고, 절약될 수도 있다. 아이들은 자신의 사진을 보는 것을 좋아하며, 선물로 포도 덩굴 액자를 주는 것을 즐길 것이다.

◎ 적용

화환을 걸기 위해 리본을 사용하는 대신, 강한 자석 테이프로 화환 뒷면을 가로질러 고정하여 사용할 수 있다. 이것은 냉장고 장식용으로 사용할 수 있다.

◎ 팁

폴라로이드 카메라로 아이들의 사진을 찍을 수 있고, 화환에 맞추어 자를 수 있다. 필요한 경우 아이들은 화환을 장식한 후에 풀로 마른 꽃을 눌러 약간 다듬을 수 있다. 만약 자석 테이프를 이용한다면, 화환의 위아래가 바뀌도록 걸어 놓는 것은 재미있는 일이 된다. 왜 사진이 떨어지지 않는지 논의해 본다. 자신의 사진을 화환에서 떼어 본다.

◎ 발달 과정
- 다른 사람의 생김새와 이름 인식하기 연습
- 소근육 운동 능력 강화
- 사회적 기술 연습

◎ 자연 개념과 과정
- 생화는 잎과 꽃잎에 물기를 머금고 있다.
- 꽃은 마르면서 모양과 질감이 변한다.

• 자석은 철에 달라붙는다.

꽃, 화환, 젖은, 마른, 색깔, 꽃잎, 줄기, 자석

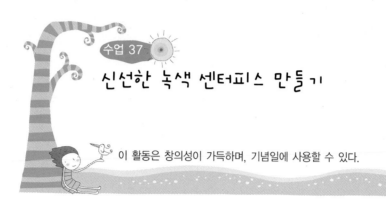

수업 37

신선한 녹색 센터피스 만들기

이 활동은 창의성이 가득하며, 기념일에 사용할 수 있다.

🐌 재료

플로랄 폼('오아시스'는 익숙한 브랜드 이름이다), 사철나무, 측백나무, 회양목 등 정원의 녹색 잎과 다른 부드럽고 연한 정원 재료들, 10cm 플라스틱 통, 다양한 색깔의 호일 및 꽃 포장지, 폼을 자르기 위한 톱니 칼, (바닥이) 넓은 대야, 물, 매직펜, 이름표

🐌 준비

1. 플로랄 폼을 10cm 통에 맞도록 조각내어 자른다. 폼이 플라스틱 통의 가장자리로부터 3~5cm가량 올라오도록 한다.

2. 녹색 재료들을 15~20cm가량의 균일한 길이로 자르고, 바닥 쪽 줄기의

잎사귀를 제거한다.

3. 물이 담긴 (바닥이) 넓은 대야에 폼을 넣어 적신다.

4. 아이들의 이름을 이름표 한쪽에 적고, '매일 물을 주세요.'라는 문구를 다른 쪽에 적는다.

5. 활동을 완수할 수 있도록 준비한다.

6. 활동 공간을 준비한다.

작업 순서

1. 도입: 아이들은 어떤 것에나 물 주기를 좋아한다. 또한 플로랄 폼의 성질을 소개하면 곧바로 아이들의 주의를 끌기 쉽다. 플라스틱 통에 맞추어 폼을 자를 때, 꽃꽂이에 사용할 수 없는 조각들을 갖게 된다. 아이들에게 마른 폼을 조사할 수 있도록 한다. 아이들은 그것을 꽉 쥐어 보기도 하고, 조각내기도 할 것이다. (바닥이) 넓은 대야에 그것을 놓고 물을 부어 본다. 폼이 점점 젖어 듦에 따른 변화(마른/젖은, 밝은/어두운, 가벼운/무거운)를 적어 보자. 이 활동을 시작하기 전에 아이들에게 꽃꽂이를 하기 위한 폼은 꽉 누르지 않도록 주의를 준다(공기주머니를 힘으로 누르면, 줄기를 꽂는 데 어려워진다). 꽃꽂이를 완성하고 나서 꽉 쥐어 보는 체험에 활용할 여분의 것을 준비한다.

2. 폼에 어떻게 줄기를 꽂는지 시범을 보인다.
   ① 순서대로 돌아가면서 참여한다. 줄기를 위뿐 아니라 옆에도 꽂는다.
   ② 순서대로 다 돌아갔을 때, 꽃꽂이를 멈추고 녹색 잎들이 움직이거나 떨어지지 않는다는 것을 보여 주기 위해 뒤집어 본다.

③ 폼의 공간이 다 찰 때까지 계속한다.

④ 물을 주어 꽃꽂이를 마무리한다. 아이들에게 집에 가져가서 반드시 물을 더 주어야 한다는 것을 재확인시킨다.

⑤ 꽃꽂이의 한쪽 옆 폼에 이름표를 꽂는다.

⑥ 호일 덮개로 완성품을 감싼다.

3. 아이들에게 젖은 폼의 조각을 선택하도록 하고, 그것을 자신의 플라스틱 통에 넣게 한다. 폼의 바닥은 통의 바닥에 닿아야 함을 명심한다(물의 공급을 위하여).

4. 수업 전에 잘라 놓은 녹색 가지들을 트레이에 펼쳐 놓고, 아이들이 시범에서 보았던 것처럼 꽃꽂이를 완성하도록 격려한다.

5. 아이들이 폼에 자신의 이름이 적힌 이름표를 꽂았을 때, 매일 물을 주어야 한다는 것을 상기시킨다.

6. 각각의 센터피스를 호일이나 호일 덮개로 감싼다.

🐌 주안점

폼에 줄기를 꽂지 못하는 아이들은 일대일 도움이 필요하다.

🐌 팁

이 활동은 일 년간 여러 차례에 걸쳐 시행할 수 있다. 계절에 따라 다양한 재료들을 이용할 수 있다. 꽃은 항상 매력적인 소재이며, 줄기가 단단한 것, 예를 들면 국화, 카네이션, 톱풀, 스타티세가 이 활동을 하기에 좋은 소재다.

아이들은 자신만의 스타일로 꽃꽂이를 한다. 이때 꽃이 보이는 '얼굴'을 기억하도록 한다. 꽃이 서로 닿지 않게 꽂도록 하라. 아이들에게 사용할 분량의 꽃을 제한하는 것은 유용하다.

리본뿐만 아니라, 공예 가게에서 살 수 있는 작은 장식품, 예를 들어 토끼, 곰돌이와 '행복한 어버이 날'과 같은 기념일 표시 등은 꽃꽂이를 장식하는 데 사용할 수 있다.

발달 과정

- 촉각과 시각 자극 훈련
- 단계별 지시 사항 따라 하기
- 소근육 운동기술 연습
- 배열하기 연습

자연 개념과 발달

- 폼은 스펀지처럼 물을 빨아들인다.
- 폼은 말랐을 때 밝은색을 띤다.
- 폼은 말랐을 때 가볍다.
- 폼은 젖으면 어둡고, 무겁다.
- 꽃은 위를 향할 수도 있고, 밑을 향할 수도 있는 얼굴을 가지고 있다.

어휘

플로랄 폼, 마른/젖은, 가벼운/무거운, 밝은/어두운, 앞면

수업 38
새 둥지 만들기

이 활동은 아이들이 새 둥지를 만드는 데 필요한 몇 가지 재료를 수집해 왔을 때 특별히 의미가 있다.

재료

이 활동은 여러 방법으로 접근할 수 있다. 새 둥지 모양의 미리 만들어진 틀을 공예 가게에서 구입하거나, 혹은 비어 있는 작은 선물 상자를 이용하여 아이들이 만든 둥지를 넣을 수 있다. 둥지를 만들기 위한 재료를 수집할 때, 상상력을 이용하고 정말 '새처럼 생각한다'. 재료는 줄 모양으로 자른 신문지, 마른 풀, 잔가지와 나무에서 나온 나무껍질, 여러 가지 줄, 색색의 리본, 깃털과 세탁물 건조기에서 나온 보풀 등이 포함된다.

준비

1. 둥지를 담을 새 둥지 모양의 틀이나 작은 상자를 구입한다.

2. 플라스틱 달걀과 새를 구입한다. 달걀은 아이들이 삼키지 못할 정도로 커다란 것을 산다.

3. 둥지를 구성할 모든 재료를 수집한다.

4. 재료는 '둥지 크기'에 맞게 자른다.

🐌 작업 순서

1. 도입: 버려진 둥지는 나무 잎사귀가 다 떨어졌거나 새들이 따스한 기후를 찾아 날아갔을 때 종종 눈에 띈다. 만약 버려진 둥지를 발견한다면, 안전한 통에 그것을 넣고, 아이들이 그것을 조심스럽게 다루면서, 그것이 무엇으로 만들어졌는지 관찰할 수 있도록 가깝게 놓아 준다. 이것이 무엇(둥지)이고, 어떤 종류의 동물(새)이 살고 있었는지 이야기해 본다. 만약 다른 동물의 모형(플라스틱이나 나무)을 놓아두고, 강아지, 말, 코끼리, 기린을 위한 집이 될 수 있는지 물어본다면 아이들은 재미있어 할 것이다.

2. 재료를 탁자 위에 놓고, 아이들은 자신만의 둥지를 만들어 본다. 아이들이 다양한 재료들을 사용하도록 격려한다.

3. 둥지가 완성되었을 때, 아이들에게 그들의 둥지에 넣을 새와 알을 고르도록 한다.

4. 아이들 각각의 둥지와 사용한 재료들을 비교해 본다.

5. 각각 다른 동물의 소리를 내 본다. 아이들은 소리(예: 음매 = 소)로 동물을 알아낼 것이다. 새소리를 따라해 본다.

🐌 팁

둥지의 재료를 서로 붙이기 위하여 '진흙'을 더하고 싶을 것이다. 물풀에 갈색 템페라 물감과 약간의 모래를 섞는다면 '진흙'처럼 사용할 수 있다. 이 수업에서 붙이는 활동을 포함하기 전에 준비에 필요한 것, 마르는 데 걸리는 시간, 결과물에 대하여 연습해 봐야 할 것이다.

🐌 발달 과정

- 관찰기술 연습: 비교, 대조, 분별
- 소근육 운동과 감각 능력 강화
- 선택하기 연습
- 사회적 상호작용과 경청을 포함한 의사소통 기술 연습

🐌 자연 개념과 과정

- 동물들도 사는 곳이 있다. 둥지는 새를 위한 집이다.
- 둥지는 새들이 발견한 각기 다른 다양한 재료로 구성된다.

🐌 어휘

둥지, 구성

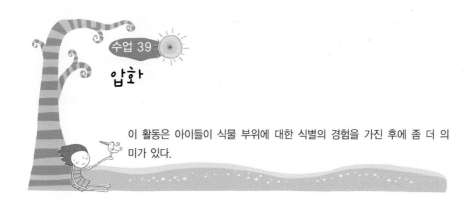

압화

이 활동은 아이들이 식물 부위에 대한 식별의 경험을 가진 후에 좀 더 의미가 있다.

🐌 재료

작은 조각의 스펀지, 신선한 꽃, 트레이, 기름종이, 공예 가게에서 구입한 꽃 압축기, 꽃잎이 홑겹으로 된 꽤 편편한 꽃, 예를 들면 팬지, 홑겹 수국이나 진달래꽃, 안개꽃과 나팔꽃 등을 사용한다. 양치식물 또한 좋은 단품이다. 대부분의 잎사귀는 잘 눌린다.

🐌 준비

1. 정원에서 꽃을 수확하거나 구매한다. 잎사귀도 잊지 않는다.
2. 줄기를 잘라 다듬는다.
3. 한 겹으로 트레이에 놓는다.

4. 아이들의 이름이 적힌 2장의 기름종이를 잘라 놓는다.

작업 순서

1. 아이들을 위해 젖은 스펀지를 작은 조각으로 자르고, 마른 2장의 합판 사이에 넣고 눌러 준다.
2. 젖은 것과 마른 것을 비교한다.
3. 꽃과 잎사귀는 물을 머금고 있다는 것을 설명한다.
4. 눌러 놓은 마른 꽃과 잎을 생화와 싱싱한 잎과 비교한다.
5. 합판 위에 놓인 식물 재료들로 압화를 어떻게 만드는지 '나만의 압화 만들기'(p. 184 참조) 단계에 따라 시범을 보인다.
6. 아이들에게 작업할 꽃과 잎을 고르도록 한다. 여러 개가 겹치지 않도록 한다.

주안점

아이들은 합판 위의 꽃잎들을 분리하지 못할 수 있다. 모아 놓기 전에 아이들이 배열한 것을 정돈한다. 일대일 도움이 필요할 수 있다.

적용

무거운 고서적을 이용하여 압화를 만들 수 있다. 무광택 종이를 사용하도록 한다.

🐌 팁

꽃과 잎사귀가 마르려면 3~6주가량이 걸린다. 압화는 종이의 느낌이 난다.

🌀 발달 과정

- 생화와 마른 꽃 비교하기
- 젖은 것과 마른 것 비교하기
- 소근육 운동기술 연습
- 모양과 형태와 색 비교하기
- 사회적 기술과 의사소통 기술 연습

🌀 자연 개념과 과정

- 마른 꽃은 젖은 꽃보다 오래 지속된다.
- 꽃과 잎은 다양한 모습이 있다.
- 꽃과 잎은 물을 머금고 있다.
- 눌린 꽃과 잎사귀는 말라 있다.

🌀 어휘

누르다, 겹치다, 기름종이,
생화, 마른 꽃, 합판

나만의 압화 만들기

약 20×20cm의 둥근 모서리를 가진 네모진 합판을 이용하여 가정에서 압화를 만들 수 있다. 물결 모양의 합판과 같은 크기로 자른 기름종이가 필요하다. 압화를 고정하기 위하여 공예 가게나 헝겊 가게에서 파는 벨크로 테이프를 이용한다. 혹은 네모진 합판의 네 군데 구석을 드릴로 구멍을 내서 8cm 정도의 볼트를 넣고 윙너트를 사용하여 조여 준다(볼트를 넣기 위해 합판과 판지의 모퉁이 부분을 잘라 준다).

꽃을 누르기 위해, 다음의 순서─합판의 바닥, 판지 한 장, 합판 한 장, 꽃과 잎 한 겹, 다른 합판 한 장─로 조각들을 모아 준다. 순서대로 높이가 5~8cm가 될 때까지 반복하고, 다른 합판 한 장으로 윗면을 덮고, 네모 나무 합판을 꼭대기에 놓는다.

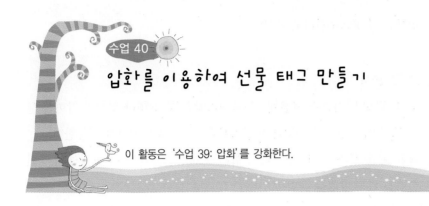

압화를 이용하여 선물 태그 만들기

이 활동은 '수업 39: 압화'를 강화한다.

재료

꽃 압축기, 압축할 꽃과 잎사귀, 마른 꽃과 잎사귀(이전 시간에 눌러 놓은), 노트카드(약 9×13cm), 펀치, 가위, 리본, 수용성 풀, 작은 붓, 작은 플라스틱 혹은 스티로폼 접시

준비

1. 노트카드마다 각 귀퉁이를 펀치로 구멍 낸다.
2. 작은 접시에 마른 재료를 놓는다.
3. 작은 접시에 풀을 담아 놓는다.
4. 싱싱한 재료를 압축하기에 알맞은 크기로 잘라 놓는다.

5. 리본을 약 30cm 길이로 자른다.

🐌 작업 순서

1. 도입: 만일 아이들과 이전에 '수업 39: 압화'를 진행하였다면, 압화를 열어 보고 어떤 일이 일어났는지 알아본다. 이 꽃들을 활동에 사용한다.
2. 합판 위에 꽃과 잎사귀를 놓고, 합판과 나무판으로 눌러 고정하여 압화 작업을 하는 방법을 시범 보인다.
3. 싱싱한 재료와 마른 재료들을 비교하고, 물이 없는 것에 대하여 유의한다.
4. 압화로 노트카드를 만드는 방법을 시범 보인다.
   ① 노트카드에 풀을 바른다.
   ② 꽃과 잎을 카드에 놓고 누른 뒤에 모든 재료들을 카드에 올려 준다.
5. 한 번에 한 개의 재료를 전달하고, 한 번에 한 단계씩 활동을 완성한다.
6. 풀이 다 마르면 구멍에 리본을 달아 준다.

🐌 주안점

이 활동은 2가지로 분리된 활동으로, 압화로 선물 태그를 만들기 전에 신선한 재료들을 눌러 놓는 작업이 완성되어야 한다. 마른 재료들을 다루기 전에 손가락에 묻은 풀을 닦아 내기 위해 젖은 수건과 마른 수건을 준비해 둔다.

🐌 팁

가능할 때(특별히 봄부터 가을) 식물 재료를 연중 내내 눌러 놓는다. 식물 재료는 마르는 데만 몇 주가 걸린다. 아이들이 완성한 선물 태그를 선물에 붙여 사용한다(예: 어버이 날 제라늄).

🐌 발달 과정

- 과제 수행 강화
- 소근육 운동기술 연습
- 조심스럽게 만지는 연습

🐌 자연 개념과 과정

- 꽃과 잎은 물을 머금고 있다.
- 누른 꽃과 잎은 말라 있다.
- 마른 꽃과 잎은 다양한 무늬와 모양을 가지고 있다.

🐌 어휘

압화, 조심스러운

◉ **접근성(accessibility)** 출입, 움직임, 참여를 쉽게 하는 환경의 설계 요소

◉ **적용(adaptation)** 학생 개개인에게 더 적합하도록 과정을 수정하는 것

◉ **무산소증(anoxia)** 출산 전후 혹은 출산 중 생기는 산소 결핍 상태로서, 이는 여러 장기의 손상을 야기하여 많은 장애들의 직접적 혹은 간접적 원인이 된다.

◉ **수행기술(attending skills)** 어떤 활동에 전념하는 과정

◉ **뇌성마비(cerebral palsy)** 출산 전후에 입은 뇌 손상으로 인해 야기되는 장애로서, 이는 근육의 협응장애, 언어장애, 기타 운동장애 및 인지장애를 일으킨다.

◉ **인지기술(cognitive skills)** 사고, 추론, 기억, 상상, 언어 습득과 같은 의식적인 지적 활동에 연관된 능력

◉ **의사소통 기술(communication skills)** 서로 간에 정보를 전달하거나 교환하는 능력

◉ 협응(coordination) 가장 효과적인 결과를 내기 위해 근육이나 신경과 같은
부분이 조화롭게 기능하는 것

◉ 젓가락(dibble) 구멍 파는 연장, 식물을 심기 위해 구멍을 파는, 밑으로 갈
수록 작아지는 막대기 모양의 도구

◉ 다운증후군(Down's syndrome) 중등도 내지는 중증의 인지적·발달적·
물리적 장애를 동반하는 선천적 유전 질환

◉ 형성 이상(dysplasia) 몸의 장기나 조직이 비정상적으로 증식하는 것(예: 골
반 형성 이상)

◉ 눈-손의 협응(eye-hand coordination) 시력과 운동 능력의 동기화(同期化)
(예: 물건을 잡기 위해서 손을 뻗는 것)

◉ 소근육 운동기술(fine motor skills) 팔, 손, 손목, 손가락의 근육운동에 관계
하는 능력

◉ 대근육 운동기술(gross motor skills) 걷기, 기어오르기, 균형 잡고 서 있기,
스트레칭과 같은 신체의 커다란 근육운동에 관계하는 능력

◉ 그룹활동(group process) 여러 사람이 함께 일하는 데 관계하는 역동성

◉ 핸드 오버 핸드(hand-over-hand) 정확한 움직임으로 과제를 수행할 수 있
도록 개인의 신체 일부(주로 손)를 바로잡아 도와주는 과정

◉ 운동기술(motor skills) 근육운동에 관계하는 능력

◉ 다단계 지시(multi-step directions) 과제를 수행하기 위한 여러 개의 단순
동작들의 배열

◉ 신경학적 손상(neurological impairment) 자극에 대한 반응을 제어하고 조
정하는 신경계통의 비정상적인 기능(예: 뇌성마비, 간질)

◉ 후각(olfactory sense) 냄새 맡는 감각에 관계하는 것

◉ 정형외과적(orthopedic)(형용사) 뼈, 관절, 근육의 손상이나 기형, 질병과 관련된

◉ 지각기술(perceptual skills) 감각 경험을 통해서 환경을 인식하는 데 관계하는 능력

◉ 회상(recall) 과거에 배웠던 것이나 경험했던 것을 기억해 내는 것

◉ 감각기술(sensory skills) 감각을 통해서 경험한 자극을 해석하는 능력

◉ 감각운동기술(sensory-motor skills) 신체활동을 할 때 감각적인 면과 운동적인 면이 함께 기능하는 능력

◉ 배열화(sequencing) 과제나 활동을 완료하기 위해 각각의 세부 단계를 조합하는 것

◉ 사회적 상호작용 기술(social interaction skills) 정상적이고 적절한 방법으로 타인과 의사소통하고 상호 교류하는 능력

◉ 척수이분증(spina bifida) 다양한 장애를 유발할 수 있는 선천적 척수 이상

◉ 다육식물(succulent) 선인장과 같이 물을 저장하기 위한 두껍고 신선한 조직을 가진 식물

◉ 촉각 구별력(tactile discrimination) 촉각을 통해서 경험한 자극을 해석하는 능력

◉ 촉각(tactile sensations) 접촉으로 감지한 물리적 경험

◉ 과제 분석(task analysis) 하나의 단계별 활동을 한 동작 지지 요소로 세분화하는 것

◉ 질감(textures) 물체의 형상에 영향을 미치는 재질 혹은 물체의 표면, 구조,

결의 느낌
- **치료(therapy)**   정신적 혹은 신체적 장애를 개선하기 위한 처치
- **외상(trauma)**   외부 요인으로 인한 손상
- **시각 구별력(visual discrimination)**   시야를 통해 경험한 자극을 해석하는 능력

참/고/문/헌

Bremner, E., & Pusey, J. (1990) *Children's Gardens* (2nd ed.). University of California Cooperative Extension; Common Ground Program.

Elliot, P. (1978). *The Garden and the Handicapped Child*. The Disabled Living Foundation, 346 Kensington High Street, London W14 8NS.

Gestwicki, Carol (1995). *Developmentally Appropriate Practice: Curriculum and Development in Early Education*. Delmar Publishers Inc.

Jurenka, N. A., & Blass, R. J. (1996). *Beyond the Bean Seed: Gardening Activities for Grades K-6*. Teacher Ideas Press, Englewood CO.

Kite, P. (1995). *Gardening Wizardry for Kids*. Barrons Educational Series, 250 Wireless Boulevard, Hauppauge NY 11788.

Life Lab Science (1992). *Great Explorations*. Life Science Lab Program. University of California, Santa Cruz.

Miller, K. (1989). *The Outside Play and Learning Book*. Gryphon House Inc., Mount Rainier MD 20712.

Milord, Susan (1989). *The Kid's Nature Book*. Williamson Publishing, Charlotte VT.

Moore, R., Goltsman, S., & Lacofano, D. (1992). *Play for All Guidelines*. MIG Communications, 1802 Fifth Street, Berkeley CA 94710.

National Gardening Association. *Grow Lab*. 180 Flynn Avenue, Burlington VT 05401.

Ocone, L. *The Youth Gardening Book*. The National Gardening Association, 180 Flynn Avenue, Burlington VT 05401.

PLAE Inc. (1994). *Universal Access to Outdoor Recreation*. MIG Communications, 1802 Fifth Street, Berkeley CA 94710.

Rockwell, R., Sherwood, E., & Williams, R. (1986). *Hug A Tree*. Gryphon House Inc., Mt Rainier MD 20712.

University of California, Berkeley: *GEMS Publications Catalogue*; Lawrence Hall of Science #5200; Berkeley CA 94720-5200.

Wilke, Richard (ed.) (1993). *Environmental Education: Teacher Resource Handbook: A Practical Guide for K–12 Environmental Education*. Corwin Press, Inc., A Sage Publications Company, Thousand Oaks CA.

Wilson, Ruth (ed.) (1994). *Environmental Education at the Early Childhood Level*. North American Association for Advancement for Environmental Education (NAAEE), P.O. Box 400, Troy OH 45373.

Wilson, Ruth A. (1993). *Fostering a Sense of Wonder During the Early Childhood Years*. OEEF, P.O. Box 1047, Columbus OH 43216.

Winnett, D., Rockwell, R., Sherwood, E., & Williams, R. (1996). *Discovery Science*. Addison–Wesley Publishing Company, Innovative Learning Publications.

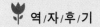
역/자/후/기

구약성서 전도서(3장 1-10절)에는 다음과 같은 말씀이 기록되어 있습니다.

> 천하에 범사가 기한이 있고
>
> 모든 목적이 이룰 때가 있나니
>
> 날 때가 있고 죽을 때가 있으며
>
> 심을 때가 있고 심은 것을 뽑을 때가 있으며 (중략)
>
> 하나님이 모든 것을 지으시되, 때를 따라 아름답게 하셨고
>
> 또 사람에게 영원을 사모하는 마음을 주셨느니라.

　10년 넘게 간직해 온 책이 여러분과의 기적 같은 만남을 통해 우리나라에서 빛을 보게 되었습니다. 부디 이 작은 책이 우리 사회에서 사람과 식물을 연결함으로써 많은 사람들이 행복해지는 길을 찾는 데 작은 등불이 되기를 간절히 바랍니다.

　이 책이 어려운 가운데 사명감을 갖고 묵묵히 사회복지에서 한 축을 담당하는 은평천사원에 수익금을 기부할 수 있는 축복의 기회를 마련해 주었습니다. 이러한 축복에 대한 감사의 마음을 독자 분들과 함께 나누고 싶습니다. 끝으로 원예치료의 발전에 큰 힘이 되어 주신 학지사 김진환 사장님과 원고를 꼼꼼히 챙겨 준 편집부 김선우 씨께 감사 드립니다.

모든 일에는 때가 있습니다.

이 모든 것을 가능하게 해 주신 하나님께

Thank You God Amen!

2011년 수확의 계절에

윤경은, 최영애, 안소정

저자 소개

Stephanie L. Molen

원예치료사로서, 1993년부터 러스크 재활병원의 Enid A. Haupt Glass Garden에서 근무하고 있으며, 학령 전 자연 교과를 디자인하고 시행하는 책임을 맡고 있다. Cornell Cooperative Extension에서 Master Gardener 과정을, 뉴욕 Botanical Garden에서 원예치료사 과정을 마쳤으며, 꽃꽂이와 식물공예를 공부하고, 초등학교 교사 경력이 있다. 유아기의 발달을 향상시키기 위해서는 구조적 요소와 순차적인 배움이 중요하다고 강조한다.

Nancy K. Chambers

원예치료사로서, 1986년부터 러스크 재활병원의 Enid A. Haupt Glass Garden 이사로 있다. 건강관리 환경에 있어서 자연의 치료적 가치를 적극적으로 옹호하는 그녀는 러스크 아동 놀이정원을 포함한 Glass Garden의 프로그램의 많은 면에서 그녀의 이러한 확신을 반영하고 있다. 글을 쓰고, 강의하며, 교사로서 미국 내외에서 프로그램 컨설팅을 하면서 뛰어난 업적을 남기고 있다.

Matthew J. Wichrowski

1993년부터 러스크 재활병원의 Enid A. Haupt Glass Garden에서 Senior 원예치료사이자 온실 책임자로 근무하고 있다. 연구를 좋아해서 원예 프로그램의 일일 치료 활동에 이론적인 골격을 만들었다. Glass Garden의 내용을 개발하는 데 적극적이며, 해충관리 프로그램을 통합했다. 뉴욕 Botanical Garden과 Rutgers University에서 강의하고 있다.

Gwenn Fried

러스크 재활병원의 Glass Garden과 BRC 성인건강관리센터에서 원예치료사로 근무하고 있으며, 에이즈 환자의 일일 치료 프로그램을 맡고 있다. 아동들의 표현, 주제, 나비정원에 전문인 Senior Gardener다. Rutgers Garden의 어린이 행사의 감독이며, Rutgers University와 뉴욕 Botanical Garden에서 강의하고 있다. 뉴저지의 알츠하이머 프로그램 및 성인 일일 관리 프로그램의 컨설틴트로도 활동하고 있다.

윤경은

서울여자대학교 농촌과학과를 졸업하고, 고려대학교 원예학과에서 석사학위를 받았다. 시카고에 있는 일리노이 대학교 생물학과 박사과정을 수료한 후에 아이오와 주립대학교에서 작물생리학 박사학위를 취득했다. 서울여자대학교 교수를 거쳐 3대 총장을 역임했으며, 녹색연합 공동 대표를 거쳐 현재 고문으로 있다. 서울여자대학교 플로라아카데미 원장과 한국원예치료학회 회장으로서 원예치료의 발전에 선구자 역할을 하고 있으며, 사람과 식물을 연결함으로써 좀 더 나은 사회로 발전하는 데 기여하고 있다.

최영애

숙명여자대학교 가정대학을 졸업하고, 동 대학교 교육대학원에서 유아교육 전공으로 교육학 석사학위를 받았다. 식물에 대한 관심으로 건국대학교 농축대학원에서 원예조경을 전공하고, 농학 석사학위를, 단국대학교에서 원예치료 전공으로 국내 1호 원예치료학 박사학위를 취득하였다. 원예치료사로서 다양한 사람들을 만나고, 여러 대학에서 강의했으며, 15년간 유치원을 운영하였다. 최영애 원예치료연구소장을 거쳐 '보살핌은 사랑입니다'라는 모토로 대한원예치료협회 회장과 서울여자대학교 플로라아카데미 원예치료 전공과정 교수로 있다.

안소정

국립의료원 간호대학을 졸업하고, 삼성서울병원에서 근무했다. 이후 뉴욕 시립대학교 간호학과를 졸업했으며, 귀국하여 국립재활원 뇌손상 재활병동에서 일했다. 대한원예치료협회 원예치료사 양성과정을 수료했으며, 현재는 국립중앙의료원 적정진료 관리실에서 근무하고 있다.

이 책의 인세 수익금 전액을 사회복지법인 은평천사원(www.angels.or.kr)에 기부합니다.

자연을 통해 성장하기
-NYU 러스크 재활병원 원예치료 프로그램-
Growth Through Nature

2011년 10월 10일 1판 1쇄 인쇄
2011년 10월 20일 1판 1쇄 발행

지은이 • S. L. Molen · N. K. Chambers
　　　　M. J. Wichrowski · G. Fried
옮긴이 • 윤경은 · 최영애 · 안소정
펴낸이 • 김진환
펴낸곳 • (주) **학지사**
　　　　121-837 서울시 마포구 서교동 352-29 마인드월드빌딩 5층
대표전화 • 02-330-5114　　팩스 • 02-324-2345
등록번호 • 제313-2006-000265호

홈페이지 • http://www.hakjisa.co.kr
커뮤니티 • http://cafe.naver.com/hakjisa

ISBN 978-89-6330-757-2　93180

정가 14,000원